第2版

エクササイズ
刑事訴訟法

粟田知穂 著

有斐閣

第2版はしがき

　この度、初版を改訂する機会をいただいた。法科大学院や大学の法学部、ゼミ等において刑事訴訟法を学んでいる多くの方々に初版を使っていただいたお蔭であり、まずは読者の皆様に心より御礼申し上げる。

　初版のはしがきにも似たようなことを書いたが、実社会で法律が絡む問題に直面した際、その問題は、「私はこういう問題でございます」という札を首からぶら下げてやってくるわけではない。問題に至る様々な経緯や周辺事情、関係人物それぞれの思惑などが複雑に絡み合っているのがむしろ当然であり、ある問題に見えたことが実は別の問題であったり、複数の問題が重なっていたりする。そのため、まずは多量の情報を適切に処理（整理・分類・取捨選択）し、問題の本質（争点あるいは論点）を見抜くことが、法律とその解釈の適用（あてはめ）を行って問題を解決することの前提として必要となる。もちろん、争点発見能力と法的思考力はある意味表裏一体であり、同時並行的に身に着けていくことが全体としての問題解決能力向上の近道でもある。

　そのような観点から、各法について、事例から問題解決に至るまでのプロセスを通じ、争点発見能力や法的思考力を向上させるための演習書が多く世に出ているところ、本書についても、刑事訴訟法分野についてこれらの力を身に着けるためのツールとしての有用性を多くの読者の方に認めていただいたことが、本機会に至った最大の理由と思われる。

　そこで、本改訂においても、初版の内容は基本的に維持しつつ、初版刊行の1年後に出されたGPS判例等、新規重要判例を取り込み、参照先文献の頁を新版のものに改めるなど、主に解説の記載をアップデートさせていただいた。また、公判前整理手続等近時の重要テーマに関する事例の蓄積も踏まえると、従来の16問ではやや物足りないと思われたことから、新たに2問を追加し、読者の問題解決能力の更なる向上に資することとした。

　本改訂に当たっては、有斐閣書籍編集部の藤本依子部長、担当の藤原達彦氏に大変お世話になった。また、初版において編集を担当いただいた現ジュリスト編集長の山宮康弘氏には本改訂への仲立ちをいただくとともに、初版で原稿

をチェックしていただいた飯尾友貴検事には今回も新作問題の確認と貴重な御意見をいただくことができた。皆様に心から感謝申し上げる。

　第2版も、読者の皆様の刑事訴訟法学習に少しでも役立てていただければ幸いである。

　　2021 年 4 月

粟　田　知　穂

初版はしがき

　この数年間、司法研修所及び法科大学院において法曹を目指す方々を指導する機会を得た。その間、司法修習生や法科大学院生から、「本当に実務で紛争解決ができるか自信がない」「勉強した法的知識をどのように実務にいかしていったら良いのか分からない」「事例に接する機会をもっと持ちたい」といった点につき、よく相談を受けた。たしかに、条文や判例に関する知識は、地道な努力さえすれば身につけられるが、実社会における紛争の解決においては、基本的な法的思考能力に加え、「事案に含まれる問題点を見出し」「適切な法規範を使って」「事案から抽出した具体的事実をあてはめて結論を導く」という各種能力が重要である。これらの能力は単に六法や判例集、基本書を読むだけでは容易には身につかないであろう（なお、司法修習以降においては、事実認定能力、特に当事者法曹〔弁護士及び検事〕を目指す者はいわば「動的事実認定能力」〔隠れている事実を見出す能力〕をも身につける必要がある）。振り返ってみると、我々が修習していた頃は、とにかく「習うより慣れよ」という雰囲気が圧倒的であった。実際に修習や実務を通じていろいろな事件に触れる中、手探りで、感覚的に上記のような紛争解決能力を身につけていったような気もする。しかし、最近の若手法曹は、学ぶべき法的知識が多い上に、社会からより早く結果が求められるという側面があるのではないだろうか。

　本書は、このような見地から、刑事訴訟法を学ぶ法科大学院生や司法修習生、法学部生等を主な読者として念頭に置き、既に一定程度条文解釈や重要判例を勉強していることを前提に、複数の事例問題を検討することを通じて、問題発見能力や適切な法規範を導く能力、事実を抽出しあてはめる能力などを向上させることを目的に執筆したものである。

　したがって、本書を利用される際には、以下の点に留意されたい。

　まず、事例問題を検討する際には、いきなり解説を読むのではなく、一定の時間、問題について自らの頭で考え、可能であれば、説得力のある解答を書いてみることをお勧めする。全てについて文章にする時間がなくとも、最低限書くべき事項を箇条書きにすることはやってみて欲しい。本書の目的が前記のような実務への架橋となるべき各種能力の向上にあるからである。なお、本書の事例は全てフィクションであるが、筆者が実務で経験した様々な事案や法的問題を念頭に書かれており、それぞれの事例について自らの頭で考えてみることは、読者の刑事実務能力の向上に役立つものと思われる。

　次に、解説は、あくまでも読者が自らの頭で考えつつ結論を導く際の一助として執筆

したものであるから、そのための参考資料に過ぎないという前提で読んでいただきたい。もとより、筆者は一定の実務経験は有するが、刑事訴訟法の研究という面では多くの高名な先生方の足下にも及ばない身である。条文や判例の解釈に関しては、本書に引用した各種基本書等、読者が各自使用する文献にこまめに立ち返ることを念頭に解説している。また、実社会の問題を取り扱う法律実務の世界に唯一の解答は存在しないし、それが法律実務に関わる者にとっての魅力でもある。そのため、本書において学説やその理由付けについての記載は必要最小限度にとどまっているし、各設問の結論につき、どちらともとれるような表現を用いた部分もあるが、それはあえてそのようにしているということをご理解いただきたい。他方、判例については少し長めに引用した部分もある。それは実務家にとって判例の重要性が極めて高いゆえであり、とりわけ引用した重要判例については、その一字一句を吟味しつつ読んでもらいたいと考えている。

本書の執筆に当たっては、東京地方検察庁の坂田祐子検事と西村翔太検事、横浜地方検察庁の飯尾友貴検事と寺田しずほ検事に、貴重な時間を割いて原稿に目を通してもらった上、適切な助言をいただいた。また、有斐閣書籍編集第一部の山宮康弘氏は、本書の企画から完成に至るまで、様々に尽力してくださった。皆様に心から感謝申し上げる。

最後になったが、本書を読まれた方々が刑事訴訟法や刑事実務に興味を持って下さり、将来それぞれが可能な立場で、社会に役立つ刑事司法の実現・維持に力を発揮されるのであれば、筆者にとってこの上ない喜びである。

2016 年 1 月

栗 田 知 穂

目　次

凡　例

■法令名の表記

　刑事訴訟法は、原則として単に条数のみを掲げ、刑事訴訟規則は、本文では「刑訴規則」、カッコ内では「規」と略記した。その他の法令については、原則として『有斐閣六法全書』の略語によった。

　「覚醒剤」の表記について、覚醒剤取締法では令和元年法律第63号による改正がなされるまで「覚せい剤」と表記されていたが、本書では事例の日付にかかわらず全て「覚醒剤」と記した（ただし、判例等引用部分は原典に倣った）。

■判例・判例集の略記

●判　例

最決昭 27・12・11 刑集 6・11・1297
　　＝最高裁判所昭和 27 年 12 月 11 日決定、最高裁判所刑事判例集 6 巻 11 号 1297 頁

最大判（決）	最高裁判所大法廷判決（決定）
最判（決）	最高裁判所判決（決定）
高判（決）	高等裁判所判決（決定）
地判（決）	地方裁判所判決（決定）

●判例集

刑　集	大審院、最高裁判所刑事判例集
集　刑	最高裁判所裁判集刑事
高刑集	高等裁判所刑事判例集
刑裁月報	刑事裁判月報
判　時	判例時報
判　タ	判例タイムズ

■文献の略語

酒　巻	酒巻匡『刑事訴訟法〔第2版〕』（有斐閣、2020年）
争　点	井上正仁＝酒巻匡編『刑事訴訟法の争点』（有斐閣、2013年）
百　選	井上正仁ほか編『刑事訴訟法判例百選〔第10版〕』（有斐閣、2017年）
古　江	古江賴隆『事例演習刑事訴訟法〔第2版〕』（有斐閣、2015年）
平成○年度重判解	平成○年度重要判例解説（ジュリスト臨時増刊）
法　教	法学教室
リーガルクエスト	宇藤崇ほか『刑事訴訟法〔第2版〕』（有斐閣、2018年）

Part 1　問題編

第1問　強盗殺人事件

【事　例】

1　平成28年4月3日朝、友人との海外旅行からL県M市内のV方に帰宅したVの妻が、寝室内で血を流して倒れているVを発見し、119番通報した。現場に急行した救急隊による確認の結果、Vは既に死亡しており、死後数時間が経過していると見られたため、救急隊から警察へ通報がなされた。警察官が、Vの妻と共に現場の確認を行ったところ、室内にあったV所有の現金少なくとも174万円及び高級腕時計3本がなくなっていることが判明した。そこで、M警察署に強盗殺人事件として捜査本部がもうけられた。

2　捜査の結果、Vの死因は鋭利な刃物で腹部を刺されたことによる失血死であったことが判明した。また、V方を検証したところ、勝手口のガラスが割られており、他の侵入可能な場所が施錠されていたことから、侵入口は勝手口と推定された。Vの妻に対する事情聴取を行ったところ、Vの妻は、「このような事件を起こす犯人について心当たりはない」と述べたが、Vについて金銭にまつわるトラブルの有無に関し質問されると、「そう言えば、Vがかつて経営していた印刷工場の元従業員甲が、数週間前に、借金の申込みに来たことがあったが、Vは断っていた」と述べた。そこで、M警察署のN警部補らは、同月4日朝から、甲に対し、尾行による外出時の行動確認を行うとともに、同日、甲が住むアパートから20mほど離れた公道の電柱脇に設けられたごみ集積場に甲が出したごみ袋をM警察署に持ち帰り、中身の確認を行った。すると、このごみ袋の中から、血痕の付着した軍手や衣服が発見されたことから、これを領置した。この軍手や衣服に付着した血痕について鑑定を実施したところ、Vと同一のDNA型が検出された。他方、ポリエチレン製のごみ袋からは指紋が採取され、甲のものと一致した。甲については、同月4日からの約1週間に、消費者金融4社に対し、合計約150万円の返済がなされていることが判明し、また、職についておらず収入もなさそうなのに、朝からパチンコ店や競艇場に入り浸る姿も確認された。

3　以上のような捜査経緯から甲に対する嫌疑が強まり、同月12日午前9時、

Nらが甲宅を訪れ、M警察署への同行を求めた。甲は当初「何のことか全く分からない」などと述べていたが、Nらから説得を受け、「Vさんなら知っています。亡くなったとは驚きです。Vさんについて、知っていることを話せばよいのですね」などと述べて自ら捜査用車両後部座席に乗り込み、その両側から捜査員が挟む形で、2km離れたM警察署に向かった。同日午前10時にM警察署到着後、直ちに甲は取調室に案内され、取調室内では、NとO巡査部長が甲の前後を挟むように着席した。すなわち、取調室内中央に置かれた机の出入口側に甲が着席し、その正面にNが、その背後の出入口横にOが着席した。取調べは、同日午前10時30分から始められ、甲は、当初、Vは自分の元勤務先である印刷工場の経営者であった、などとVとの関係を自発的に供述した。しかし、「Vとの間に金銭上のトラブルはなかったか」「Vに対し、借金を申し込んだことがあったのではないか」との質問に対しては、「そのようなことはない」「記憶にない」などとあいまいな返答しかせず、そのうちに、「言うことを信じてもらえないなら、帰してもらいたい」などと言って不機嫌な態度を示すようになった。しかし、Nが説得を続けるとともに、金融会社からの照会結果を示しながら、「この返済に充てた金はどうしたのか」などと尋ねたところ、途中、同日午後1時及び同日午後6時からの各約30分間の食事休憩を挟んだ後の同日午後8時頃になって、甲は、「実は、Vに対し、借金を申し込んだことがある」「金融会社への返済は、Vから借りた金で行った」などと述べるようになった。そこで、Nらは、その後も約2時間にわたって「金は本当にVが貸してくれたのか」と尋ねるなどの取調べを行ったところ、甲は、次第に目を閉じて震えるような態度をとるようになり、「ああ。怖い。……すみません、ちょっと待ってください」などと述べた。そして、「一晩、考えさせてください。今夜は、どこかに泊めてもらえませんか」と述べた。そこで、Nらは、近くのビジネスホテルの一室に甲を宿泊させ、配下の警察官に同じフロアの客室から交替で監視に当たらせるとともに、宿泊費用はM警察署において支払った。ビジネスホテルへの送迎は警察車両を用い、翌13日も午前9時30分からM警察署取調室において前日と同様の着席位置で取調べを行ったところ、同日午前10時30分頃、甲は「すみません。自分がVさんを殺しました」と述べ、

その旨の上申書作成の求めに対しても、これに応じ、V殺害に及んだ状況やその前後の行動、犯行の動機等を記載した上申書を同日午後1時頃書き上げた。そのため、Nらは、上司の警部と共にVに対する殺人の事実で逮捕状請求の準備に入り、前記上申書をも疎明資料に加え、同日午後2時頃、逮捕状の請求を行い、逮捕状の発付を得て、同日午後3時30分、甲を逮捕し、その頃同人に対する取調べを終えた。同月12日午前に不機嫌な態度を示した以外は、甲が取調べを拒否したり、帰宅を申し出たりすることもなかった。甲は、同月14日午前9時、検察官送致され、勾留請求を経て、同月15日午前11時、勾留状が執行された。

4　甲は、勾留期間を通じ、V殺害の事実を認め、さらに、V所有の現金及び高級腕時計を奪ったことも認めた。甲が述べた強盗殺人の事実関係を認める内容については、N作成の司法警察員面前調書に録取されるとともに、担当検察官であるP検事作成の検察官面前調書にも録取され、その全てに甲の署名指印がなされた。

　　甲は、勾留延長後の同年5月2日、V方に対する住居侵入及びVに対する強盗殺人の事実で起訴された。

5　同事件について公判前整理手続が開かれ、Pは、甲の出したごみ袋から発見・領置された衣服に付着した血痕のDNA型鑑定結果についての鑑定書や甲の捜査段階における司法警察員面前調書・検察官面前調書を証拠調請求した。しかし、甲の弁護人は、「甲は犯人ではないので、全面的に争う」と述べ、P請求の書証の大半について不同意意見を述べた。甲の自白を内容とする司法警察員面前調書・検察官面前調書についても、「不同意。信用性のみならず、任意性も争う」と述べた。裁判所から任意性を争う根拠を尋ねられたのに対しては、「特に具体的主張はない」と答えた。そこで、Pは、取調状況を録音・録画した記録媒体（DVD）を弁護人に証拠開示するとともに証拠調請求し、暴行・脅迫はもちろん、虚言や利益誘導が用いられていないことを立証する方針を明らかにした。弁護人は、記録媒体の取調べについて異議なしとの意見を述べたが、裁判所は、「被告人質問を先行させて実施する」と述べて、甲の供述調書と記録媒体の採否を留保した。

6　公判において、甲は「自分はやっていません」と述べ、被告人質問におい

ても、「Vとは顔見知りだが、殺害していない。借金の返済は、競艇でもうけた金で行った」「捜査段階で、自分がどのように述べたか、覚えていない。殺害していないので、そう述べたはずだ。仮にVを殺したと述べているとすれば、それは適当に話を合わせただけだ」と述べた。被告人質問終了後、Pは、甲の供述調書を改めて証拠調請求した。

〔設問1〕甲の逮捕に至るまでに捜査機関の用いた手続の問題点につき、具体的事実を挙げて論じなさい。

〔設問2〕公判廷における被告人質問の結果を踏まえ、甲の捜査段階における供述調書の証拠能力につき、Pが証拠調請求する場合の法的根拠として考え得る複数の請求根拠を挙げつつ論じなさい。

第2問　覚醒剤自己使用事件

【事　例】

1　K県所在のL警察署地域課に勤務する警察官M巡査部長とN巡査は、平成28年6月6日午後10時頃から、制服を着用した上、徒歩で管内のパトロールを開始した。MとNは、繁華街における酔客同士のトラブルへの対応を終えた直後の同日午後11時30分頃、Mらの姿を見た途端に進む向きを変えて小走りに立ち去ろうとする不審な男を発見した。Mが先回りしてこの男の顔を見ると、薬物使用者にありがちな、鋭い目つきをして、舌なめずりをしたり、鼻のあたりをかきむしるような動作を示したりしており、Mが「ちょっといいですか」と呼び止めたところ、男は戸惑ったような様子で立ち止まった。Nが「今晩は。これからどちらへ行かれるんですか」と聞いたところ、男は黙ったままであったので、更にNが「家はお近くですか。何か危ないものとか持ってないですかね」と聞くと、男はとっさに着用していたウインドブレーカーの左ポケットに視線を送った。MとNは、蒸し暑い夜であったにもかかわらず、男が長袖のウインドブレーカーを着用していたことにも不審を抱き、「身分証明書をお持ちですか」と尋ねると、男は、少し考えてから、ズボンの右後ろポケットに入れていた財布を取り出し、中から氏名が「甲」と記載された運転免許証を取り出して呈示した。Mが「ポケットの中の物を見せてもらってもいいですか」と言うと、甲は、「……別に何も入っていない」と答えた。しかし、Mが先ほど甲が視線を送った先のウインドブレーカーの左ポケットを注視すると、ファスナーが閉められ、内容物で盛り上がった様子があり、中に何かが入っていることが明らかな様子であった。そこで、「ちょっと失礼します」と言いながらMが甲の着用しているウインドブレーカーの上から左ポケット部分を触ったところ、硬い筒状のものの感触があった。Mが「ここに何か入っていますね。取り出して見せてもらえませんか」と言うと、甲は黙ったままポケットのファスナーを開け、中からしわだらけで封がされていない状態の茶封筒を取り出し、Mに渡した。Mが「中身を見ますよ」と言うと、甲はなお黙っていたので、

Mが封筒を開けると、中に入っていたのは注射器であり、剥き出しの状態で内部が白みがかっていたことから、使用済みのものと認められた。この間、Nは甲から呈示された運転免許証をもとに無線で甲の犯罪歴を照会したところ、覚醒剤取締法違反の前科4犯を有することも判明した。

2　以上から、M及びNは甲にL警察署への任意同行を求めた上、尿の任意提出を求めることとし、無線で応援の警察官を呼ぶとともに、「ちょっとL警察署へ来てもらえませんか」と告げたところ、甲はしばらく黙った後、「分かった」と答えた。そこで、翌7日午前零時10分頃、応援に来た生活安全課勤務の警察官O巡査部長及びP巡査が、警察車両の後部座席中央に座った甲を両側から挟む形で、M及びNとともに約1.5km離れたL警察署に向かった。約10分後の同日午前零時20分頃、L警察署に到着し、生活安全課の取調室に甲を同行の上、所持品の呈示を求めてこれに応じた甲の所持品を確認したが、前記注射器以外の不審物件は見つからなかった。また、同注射器についても、内部は白みがかっていたものの、鑑定資料として用いることができる程度の量の内容物は残っていなかった。OとPが「尿を任意提出してもらえないか」と告げたところ、甲は、「出ない」と答えた。OとPは、「とりあえずトイレに行ってもらえないか」と言ったが、甲は「行きたくない」「尿は出さない」と答えた。OとPは、引き続き甲の説得を続けていたが、甲に態度を変える様子が見られなかったことから、強制採尿のための令状を請求することとし、同日午前1時から、その準備に取り掛かった。甲は、その間、取調室内の机に突っ伏すような姿勢をとったままであり、帰る様子は示さなかった。

　　同日午前3時、簡易裁判所裁判官から令状が発付され、OとPは、同日午前4時、甲に対し令状を呈示し、L警察署から約1km離れたQ病院に甲を連行した。Q病院は、L警察署の最寄りの病院であり、夜間でも医師が当直勤務していた。甲は、Q病院において、医師からカテーテルを使用して採尿する旨告げられると、「それなら自分で出す」と言って容器に尿を入れ提出した。甲は、尿を提出すると、直ちに、Q病院から歩いて帰宅した。

3　警察が、甲がQ病院において提出した尿につき、鑑定を実施したところ、覚醒剤成分が検出された。そこで、O及びPは、上司の警部に報告し、同

警部において覚醒剤の自己使用事実により甲の逮捕状を請求し、同月10日、裁判官において逮捕状が発付されたことから、翌11日、O及びPが甲の自宅に赴き、甲を通常逮捕した。

甲は引き続き同月12日から同事実で勾留されたが、弁解録取の際に急に立ち上がって意味不明のことを叫んだりし、その後の取調べにおいては、呼びかけには答えるものの、覚醒剤の使用日時、場所、使用方法、入手先等に関する質問に対し一切の供述を拒み、「何で尿から覚醒剤が出たのか分からない」などと繰り返した。

4　担当検察官は、同月21日、甲を以下の事実で起訴した。

「被告人は、法定の除外事由がないのに、平成28年5月下旬頃から同年6月7日までの間、K県内又はその周辺において、覚醒剤若干量を自己の身体に摂取し、もって覚醒剤を使用したものである。」

5　その後、同年7月29日、甲に対する覚醒剤取締法違反被告事件の公判が開かれたが、その公判廷の冒頭手続において、甲は、「事実はそのとおり間違いありません」と述べ、引き続き、被告人質問において、「覚醒剤をまた使ってしまい、反省しています。今回の覚醒剤使用についてですが、警察官から同行を求められた数時間前の平成28年6月6日午後7時頃、L警察署近くのR公園の公衆便所の個室で、自分の左肘の内側に、注射器を使って覚醒剤水溶液を注射して使いました。覚醒剤の入手先は、知り合いの暴力団員で、公衆電話を使って連絡を取りました」などと具体的な状況を供述した。担当検察官は、収集済みの証拠と同供述を照合したが、特段の矛盾点は見つからなかった。

〔設問1〕警察官が甲の尿を入手した経緯において、手続上問題となり得る点を論じなさい。

〔設問2〕検察官が甲を起訴した際の訴因について問題となり得る点を論じなさい。また、本【事例】における公判手続を踏まえ、裁判所のとるべき対応について論じなさい。

第3問　窃盗事件

【事　例】

1　平成28年7月上旬頃から、L県内南部において、連続住居侵入・窃盗事件が発生した。その手口は、閑静な住宅街において、特に高級そうな一戸建ての住宅を狙い、住民の留守の間に、勝手口や庭に面したガラス戸の施錠部分を、工具を使って手が差し入れられる程度に割り、施錠を外して侵入するというもので、いずれの被害宅も防犯システムが導入されていたにもかかわらず、警備会社に通報がなされ、警備員が駆けつけるまでのわずか数分の間に室内の金品が盗み出されていた。これらの状況から、犯人は職業的に空き巣を繰り返している人物と想定され、被害のあった地域を管轄するM警察署刑事課盗犯係と、L県警察本部刑事部捜査第三課の警察官は、合同で捜査態勢を敷くこととした。

2　まず、被害の発生した現場における鑑識の結果、現場ごとに異なる足跡が検出されたが、被害発生日ごとに分析すると、同一被害日には複数の現場から類似の足跡が検出されていたため、犯人はその日ごとに靴を履き分けている可能性が認められた。また、その手口を過去の記録に照らし調査したところ、同様の手口を使用した住居侵入・窃盗事件で有罪判決を受け、約5年間服役をした後の平成28年4月末に刑務所を満期出所した甲が浮上し、甲はL県内に土地鑑を有することも判明した。

3　そこで、合同捜査を実施していたN警部補らは、甲の行動確認を実施することとした。まず、甲の所在を確認するため、住民票上の住所地や実家の確認を行ったが、出所後、これらの場所に甲が立ち寄った形跡はなく、サウナやカプセルホテルを転々としていることが推測された。そのため、繁華街におけるこれらの場所への聞き込み捜査を実施したところ、甲がビジネスホテルOに連泊していることが判明し、その間、ごみとして複数回にわたり比較的新しい運動靴を捨てていたことも判明した。そこで、Nらは引き続き、同年7月25日より、主に被害の発生する昼間の時間帯に、交替で甲を尾行することとした。尾行を開始した当初は、ホテルOからの出入りがほとん

ど確認できなかったが、2日目である同月26日の夕方、甲が近くのディスカウントストアでありふれた運動靴を3足購入する姿が確認された。

4　尾行を開始して3日目の同月27日午前10時、甲はスーツを着用し、真新しい運動靴を履いてホテルOの部屋を出た。その際、Nらは、ホテルOの支配人にあらかじめ許可を得て、足跡を採取するためのマットを甲の宿泊していた部屋の前に置いておき、甲がこの日着用していた運動靴の足跡を採取した。甲はホテルOを出て近所のレンタカー会社の営業所に入っていった。そこで、Nらは、あらかじめ用意していたGPS（全地球測位システム）の端末機器を取り出し、甲が営業所内で手続を行い、レンタカー会社の営業所員が甲のため車両を営業所敷地内の公道に面した場所に停止させたのを見計らって、甲やレンタカー会社の営業所員に断ることなく、また、気付かれないよう、公道上から手を伸ばして同車両の車体底部にGPS端末機器を取り付けた。なお、このGPS端末機器は、簡易ライター大でマグネットにより付着が可能で、民間会社が契約者に貸し出し、契約者はパソコン端末からアクセスすることにより、その都度GPS端末機器の存在場所を数十～数百メートルの誤差をもって知ることができるというものであった。

5　甲は、NらがGPS端末機器を取り付けたのを知らないまま、同車両を運転して走り出した。Nらは、一般車両と見分けがつかない外観の警察車両で甲の運転する車両を追跡するとともに、GPSを利用して甲の車両の場所を確認した。途中、信号待ちの際にNらはいったん甲の運転する車両を失尾したが、GPSのために再度追い付くことができた。

6　甲は約40分間車を走行させた後の同日午前11時20分頃、L県内南部M市の高級住宅街のはずれに車両を停め、ビジネスバッグを手に車を降りた。

　　後方からその様子をうかがっていたNらも、少し離れた場所で警察車両を降り、徒歩による尾行を開始した。しかし、数分後、甲の姿を見失ってしまった。そこで、Nら3名が1名ずつ分かれて甲を捜していたところ、そのうちのNが同日午後零時30分頃になって、偶然直線道路の正面から歩いてくる甲を発見した。そこで、Nは、素知らぬ顔で甲とすれ違った後、とある住宅の植え込みの陰に身を隠すようにして、振り返って甲の姿を確認した。すると、甲は、3、4軒ほど先の住宅（後でV方と判明）の前でいったんNの

視界から消え、約10分後、V方敷地内から再び姿を現した。そこで、Nはとっさに駆け出して甲を呼び止めたところ、甲は約200m先で走って逃走したが、Nが追い付き、V方への住居侵入事実で甲を現行犯逮捕した。逮捕に伴い、甲のビジネスバッグの中を確認したところ、マイナスドライバー、軍手、剥き出しの現金数万円、ネックレスなどが無造作に入っており、Nはこれらも差し押さえた。

7　甲は、引き続き勾留され、その間、取調べに対してほとんどの供述を拒んだが、甲の所持していた現金やネックレスはV方から盗まれたものであることが確認されたことなどから、勾留期間の満了する日にV方への住居侵入・窃盗の事実で起訴された。勾留期間中、担当検察官Pは、甲の所持していた盗品を甲自身がV方から窃取したことを立証するためには、Nによる目撃事実が重要と考えたことから、警察に対し、NがV方付近で甲を目撃した状況につき、Nを立会人とする再現見分の実施を指示し、その結果が、【実況見分調書】（別紙）のとおり取りまとめられた。

8　公判段階において、Pが前記【実況見分調書】を証拠調請求したところ、弁護人は不同意の意見を述べた。

〔設問1〕【事例】1から6までの捜査につき、問題となり得る点を指摘して論じなさい。

〔設問2〕【実況見分調書】の証拠能力について論じなさい（ただし、違法収集証拠該当性について論じる必要はない）。

（注）【実況見分調書】添付写真のうち、奇数番号のものにはそれぞれの場所を指示するNの姿が写っており、偶数番号のものにはNの視点からNが目撃した状況を再現した上撮影した光景が写っているものとして考えなさい。

（別紙）

実況見分調書

平成 28 年 8 月 4 日

M 警察署司法警察員警部補　R　㊞

　被疑者甲に対する住居侵入等被疑事件につき、目撃者の指示説明に基づき目撃状況の再現を実施した結果は下記のとおりである。

1　見分日時

　　　平成 28 年 8 月 3 日午後零時から午後 2 時まで

2　見分実施場所

　　　L 県 M 市○○△丁目□番×号 V 方前及びその付近

3　立会人

　　　L 県 M 警察署司法警察員警部補 N

4　再現経過

　　　再現に当たり、被疑者甲役として、甲と体格の類似する当署司法巡査 S を代役とした。

(1)　いったん甲を失尾した状況

　　　立会人は、「この辺りで甲を見失いました。」と説明したので、その状況を再現し撮影した。（写真 1 及び 2・略）

(2)　再び甲を発見した状況

　　　立会人は、「この辺りで、正面から来る甲を発見しました。」と説明したので、その状況を再現し撮影した。（写真 3 及び 4・略）

(3)　甲とすれ違った状況

　　　立会人は、「この辺りで甲とすれ違いました。」と説明したので、その状況を再現し撮影した。（写真 5 及び 6・略）

(4)　植え込みに隠れた状況

　　　立会人は、「この植え込みに身を隠して甲の方を見ました。」と説明したので、その状況を再現し撮影した。（写真 7 及び 8・略）

(5)　V 方前で甲が視界から消えた状況

　　　立会人は、「植え込みから見ていると、V 方前で甲の姿が見えなくなりました。」と説明したので、その状況を再現し撮影した。（写真 9 及び 10・略）

(6)　V 方敷地内から甲が姿を現した状況

　　　立会人は、「植え込みから見ていると、V 方敷地内から甲が姿を現しました。」と説明したので、その状況を再現し撮影した。（写真 11 及び 12・略）

以　上

第4問　覚醒剤密売事件

【事　例】

1　平成28年5月、家族がM警察署を訪れ相談したことをきっかけとして、会社員Aが覚醒剤取締法違反（自己使用）事実で逮捕勾留、起訴された。Aは、捜査段階から自己使用の事実を一貫して認め、覚醒剤の入手先については、「知り合いに教えてもらった携帯電話の番号に電話をかけて注文すると、いつも同じ坊主頭でひげを生やした男が指定場所に届けてくれた」と供述した。Aは、同年8月3日に開かれた第1回公判でも自己使用の事実を認め、初犯であったこともあり、即日、執行猶予付き判決を受けて釈放された。

2　同日、Aは、捜査を担当したM警察署を訪れ、「お世話になりました。もし密売人を逮捕するのであれば、協力します」と述べた。担当のN警部補は、既にAの供述した携帯電話番号につき携帯電話会社に契約者の照会をするなど所要の捜査を遂げていたものの、当該電話番号の実際の使用者が特定できていないなど密売人の検挙が困難な状況であったことから、Aに対し、「供述していた番号に電話をかけて覚醒剤の購入を持ちかけてもらえないか」と伝えて協力を依頼した。Aは、Nに世話になったとの思いからこれを引き受け、同日午後6時頃、Nの目の前で、以前から覚醒剤の注文時に使用していた当該電話番号に電話をかけて「シャブ2パケを購入したい」と申し込んだ。すると、電話の相手方は、「久しぶりだな。2万円だ。どこに届ければよいか」などと聞いてきたので、Aは、Nと筆談でやり取りしながら「午後10時に、いつもの公園に来てもらえないか」などと答え、相手方の了承を得た。

3　Nは、Aから電話のやりとりを聞いた上、同日午後10時前から、A及び部下の警察官とともに待ち合わせ場所に指定した公園で待っていたところ、午後10時ちょうどになって、黒い乗用車が公園の横に停まり、運転席から坊主頭でひげの男（後で甲と判明）が降りてきた。そこで、Nと部下の警察官は、Aからいったん離れ、木の陰から様子をうかがっていたところ、男はAに近づき、「はい、2万円」と言いながらポケットから封筒様のものを

取り出したので、Ｎは部下の警察官とともに男に近づき、Ａと男を引き離した上、男に対し、「警察だ。売り物のシャブを持っているな。予試験をするがよいな」と告げた。すると、男はあきらめて封筒を渡したので、封筒内を確認すると、覚醒剤様の白色結晶が入ったビニール袋２袋が発見された。そこで、かかる結晶につき男の目の前で予試験を実施したところ、覚醒剤の反応を示したことから、男を覚醒剤営利目的所持の事実で現行犯逮捕した。Ｎは、逮捕の現場において、逮捕に伴う捜索を実施し、上記封筒とその内容物に加え、男がシャツのポケットに入れていた携帯電話機１台を差し押さえた。

4　逮捕された男は、自らを甲であると名乗り、弁解録取及びその後の取調べにおいては、覚醒剤を所持していたこと及びそれが自分のものであることは認めたが、営利目的については否認した。

　　そのため、Ｎらは、営利目的すなわち甲が密売人であったことを立証するため、甲から差し押さえた携帯電話機の解析を進めたところ、Ａからの電話以外にも着信履歴が残っていたため、甲から覚醒剤を購入している複数の末端使用者が存在することが疑われた。Ｎは、履歴として残っている電話番号の契約者の照会を行ったところ、そのうちの１つが折しも別件覚醒剤取締法違反（所持・自己使用）で逮捕勾留中のＢであったことから、Ｂに対し、「覚醒剤の入手先は見知らぬ外国人と述べていたが、実は甲ではなかったか」と尋ねて取調べを行ったところ、「調べがついてるんですね。仕返しが怖くて嘘をつきました。実際は、甲さんです」と供述した。そこで、Ｎは、その旨のＢの供述証書を作成した。さらに、Ｎは、Ａからも再度の事情聴取を行い、覚醒剤の購入先が甲であったことを確認し、その結果をＡの供述調書として録取するとともに、Ｂの供述内容と併せて、【捜査報告書】（別紙）にも取りまとめた。

5　甲は、勾留期間の満了する日に、営利目的で覚醒剤を所持していたとの事実で起訴された。甲は、公判廷においても、営利目的を否認したため、担当検察官は、営利目的を立証するため、甲が所持していた携帯電話の通話履歴等の証拠調請求を行うとともに、Ａ及びＢの証人尋問請求を行い、ＡとＢが証人として採用された。公判廷における証人尋問において、Ａは、従前

と同様に「甲から覚醒剤を買っていたのは間違いない」と供述したが、Bは、青ざめた様子で「やっぱり覚醒剤の入手先は見知らぬ外国人であった。警察に対して、甲と述べたことがあったかもしれないが、それは勘違いであった」などと供述した。

　そこで、担当検察官は、購入先が甲であった旨の【捜査報告書】及びBの供述調書について、証拠としての取調請求を検討することとした。

〔設問1〕甲の現行犯逮捕に至るまでの捜査手続（逮捕に伴う捜索を含む）において問題となり得る点を指摘し、論じなさい。

〔設問2〕覚醒剤の購入先が甲であった旨の【捜査報告書】及びBの供述調書を検察官が取調請求する方法及びその当否について論じなさい（ただし、甲の逮捕や携帯電話機の押収手続については適法であったものと仮定する）。

（別紙）

捜査報告書

平成 28 年 8 月 13 日

M 警察署長司法警察員警視　Q　殿

M 警察署司法警察員警部補　N　㊞

　被疑者甲に対する覚醒剤取締法違反被疑事件につき、関係者 A 及び B から聴取した結果は下記のとおりである。

1　聴取日時

　　　A につき　平成 28 年 8 月 12 日午前 11 時から午後 2 時まで

　　　B につき　同月 11 日午後 3 時から午後 6 時まで

2　聴取場所

　　　M 警察署刑事課取調室

3　聴取結果

　(1)　A からの聴取内容

　　「知り合いから甲の携帯電話番号を教えてもらった。」

　　「甲の携帯電話の番号に電話をかけて覚醒剤を注文すると、いつも坊主頭でひげを生やした甲自身が指定場所に覚醒剤を届けてくれた。」

　(2)　B からの聴取内容

　　「覚醒剤の所持・自己使用で捕まっている。」

　　「捕まった時に持っていた覚醒剤や、最後に使った覚醒剤の入手先について、見知らぬ外国人と述べていたが、嘘をついていた。」

　　「実際は、甲から覚醒剤を入手していた。甲の持ってくる覚醒剤は、比較的質が良かったので、気に入っていた。」

以　上

第5問　恐喝事件

【事　例】

1　Ｖは、平成28年5月5日夜、中学時代の同級生であった甲から久しぶりに電話を受けた。Ｖは、甲から、「元気か。今度会って飯でもどうだ」と言われ、特に断る理由もなかったのでこれを承諾して、翌6日夜、近所のファミリーレストランで一緒に食事をした。最初は、他愛もない世間話や中学生当時の話をしていたが、そのうち、近況を聞かれ、「近くの運送会社で正社員として働いている。高くはないが、定期的な収入はある」などと言うと、甲は、「俺は臨時雇いの身で、仕事があるときだけ働いている。そのため、安定した収入が得られず、生活が苦しい。実は、母親が病気で入院してしまい、医療費がかかる」「金をちょっと貸してもらえないか」と言ってきた。Ｖは、一旦これを断ったが、「友達が困っているのに冷たい」などと言われ、結局、仕方なく持ち合わせの1万円を甲に貸した。

2　ところが、その2日後の同月8日、Ｖが1万円を返してもらおうと甲の自宅に電話すると、甲の代わりに病気のはずの甲の母親が電話口に出て、「甲はいません」と答え、電話を切った。数分後、甲の携帯電話から連絡があり、「今度は5万円貸してもらえないか。今度仕事が入ったら返すから」などと言ってきた。Ｖが、母親は病気で入院中ではなかったのかと尋ねると、甲は少し黙った後、急に口調を変え、「うるせえ。何に使おうと勝手だろう。とにかく、金を貸せ」などと言ってきた。今度はＶが押し黙ると、甲は「俺はヤクザの事務所に出入りしている。さらってやろうか」などと言ってきた。Ｖは、怖くなり、なけなしの貯金を下ろして5万円を作った上、同日夜、甲の指定したＬ公園に持っていき、甲に渡した。

3　甲からは、その後も頻繁に電話があり、1回につき1万円から5万円を要求された。Ｖは、断ったものの、甲から「貸さないなら、組員の兄貴に頼んで、埋めてやるぞ」「海に沈めてやるぞ」などと言われて仕方なく甲に金を渡すことを繰り返し、その回数は、同年7月下旬頃までの間に、十数回に及んだ。貯金はすぐに底をついたので、途中からＶは消費者金融に金を借り

て渡していた。

4　Vは、同年8月5日夜にも、甲から電話を受けてそれまでと同様に「明日夜までに金を作れ。できないと、ヤクザの兄貴に言うぞ」などと言われて金を要求されたが、既に複数の消費者金融の借入限度額が一杯になっており、新たな借入れが困難で、返済も滞っていたことから、やむなく両親に対し、甲に脅されて金を渡していることを相談した。同月6日午前、Vの両親は、Vを連れてM警察署を訪れた。M警察署ではN警部補らが対応し、検討の結果、同日夜のVと甲との待ち合わせ場所であるL公園に警察官も隠れて待機し、Vとともに甲を待ち受けることとした。そして、Nらは、同日夜、金を受け取るためL公園に現れた甲を恐喝未遂事実で逮捕し、甲の所持していた携帯電話機1台を逮捕の現場において差し押さえた。甲は、引き続き恐喝未遂事実で勾留された。

5　その後、Nらは恐喝未遂事実で甲方への捜索を行うこととした。

　なお、甲については、以前から暴力団周辺者との噂をM警察署も把握しており、野球賭博にも関与しているとの情報があった。そこで、Nらは、甲の自宅等には賭博に関する証拠が存在する可能性も想定しつつ、被疑事実を同月5日の電話による恐喝未遂事実、O県内所在の甲の自宅を捜索場所とし、捜索差押えの目的物として「預金通帳、金員出納帳、犯行計画を記載したノート・メモ・アドレス帳・手帳・電子データ、暴力団を標章する名刺・バッチ、その他本件に関連する物」として捜索差押許可状を請求し、それに基づき発付され、差し押さえるべき物として「別紙請求書記載のとおり」などと記載された捜索差押許可状により、同月10日、甲の母を立会人として、甲方を捜索した。すると、預金通帳に加え、暴力団員の名刺、野球賭博に関するものと思われる記載のあるノート3冊があったので、これらを差し押さえた。

6　Nらは、引き続き差し押さえた甲の携帯電話機の解析やVの消費者金融における取引履歴等の捜査を行い、並行してVからの聴取を行ったところ、甲は恐喝未遂事実で逮捕される以前、同年5月8日から同年7月23日までの間の少なくとも10回、「金を作れ。できないと、ヤクザの兄貴に言うぞ」といった旨をVに対して告げ、その都度数万円ずつを交付させたという恐喝既遂事実が明らかになったので、これらをいずれも検察官に送致した。担

当検察官は、所要の捜査を遂げ、同年8月5日の電話による恐喝未遂事実について、勾留期間満了の日に起訴するとともに、同年5月8日から同年7月23日までの間の10回の恐喝既遂事実についても起訴した。起訴状には、別紙として一覧表が添付され、同一覧表には、番号1ないし10として、各番号ごとに、脅迫日時・場所、脅迫文言の要旨、金員交付の日時・場所、交付金額が記載されており、公訴事実はこれを引用する形式となっていた。

7　甲は、捜査段階で、Vから何度も現金を受け取ったこと自体は認めていたものの、「返すつもりだった」「脅すようなことは言っていない」などと供述していたところ、起訴後、公判段階においても同様の主張をした。そこで、担当検察官は、Vの証人尋問を請求し、Vが証人として採用された。Vは、公判廷において、同年5月8日から同年7月23日までの間の10回、いずれも脅迫を受けて金員を交付したことは具体的に証言したものの、うち1回の恐喝既遂事実について、日時・場所が記憶違いであった旨供述した。すなわち、公訴事実のうち、一覧表に6番として記載されている、同年6月30日に甲に対しL公園で3万円を渡した、とされている事実について、確かに同日午後零時頃、消費者金融Aから3万円を借りた記録が存在し、M警察署ではこれを同日午前10時頃電話で脅迫されたため借りたものであって、同日午後6時頃にL公園で甲に渡した覚えがある、と供述していた。が、よく思い出してみると、実際にはこの3万円は消費者金融Bへの月末の返済に充てており、その翌日である同年7月1日午後5時頃、新たに消費者金融Bから3万円を借り、直ちに店の前で甲に渡している、そこから考えると、電話で脅迫を受けたのも同日午後零時頃というのが正しい記憶である、と述べた。

8　そこで、検察官は、再度証拠を精査したところ、確かに同年6月30日に消費者金融Bに対し3万円を返済した記録があり、また、同年7月1日に消費者金融Bから新たに3万円を借り入れていることが確認できた。このように、公判廷での証言が裏付けられたことから、検察官は、訴因変更を検討した。

〔設問1〕甲方に対し行われた捜索差押手続において問題となり得る点を指摘

し、論じなさい。

〔設問2〕検察官が訴因変更を検討するに当たり、問題となり得る点について論じなさい。

第6問　殺人未遂事件

【事　例】

1　平成28年9月3日午後11時30分頃、H県I市内の住宅地の路上で、帰宅途中のVがその背部を何者かによって刺されるという事件が発生した。Vは、被害時に悲鳴を上げ、それを聞いた近隣住民の通報で駆け付けた救急隊によって病院に搬送され、治療を受けた結果、生命を取り留めたが、H県警本部は、殺人未遂事件としてJ警察署に捜査本部を設置し、捜査に当たることとした。

2　同月5日、会話が可能な状態にまで回復したVは、入院先の病院でK警部補らによる事情聴取を受けた。Vは、「犯人の心当たりは全くないが、刺された後、そのまま私を追い越すように前方に走って逃げる犯人の後ろ姿を見た。身長は私より10cmほど高い170cmくらい、やせ形の男だった。紺色のパーカーを着て、フードを頭からかぶっていた。右手に文化包丁のような大きめの刃物を持っており、酒臭かった。現場に自分と犯人以外の人影はなく、街灯のある場所だったので、特徴を見間違えることはないと思う」と述べた。

3　捜査本部は、現場の鑑識活動により採取した血痕や足跡の分析、現場周辺に設置された防犯カメラ画像の解析など、客観的証拠の収集に努める一方、いわゆる通り魔的な犯行の可能性があると考え、近隣における不審者の目撃情報の収集を行っていたところ、Vの目撃した人物に体格が合致し、過去に飲酒した状態で通行人に刃物で切り付け傷害を負わせたという傷害前科3犯を有する甲が重要参考人として捜査線上に浮かんだ。

4　捜査本部は、甲を尾行するなどしてその行動を確認する捜査を実施する方向で検討に入ったところ、折しも同月10日夜、甲がI市内で交通事故を起こしたとの通報が入った。目撃者の供述から、甲は、軽自動車を運転中、ハンドル操作を誤って電柱に激突したものと見られ、その際、歩行者に軽傷を負わせ、甲自身は、頭部から出血して意識を失い、I市立病院に救急搬送されたとのことであった。Kらは、飲酒下での事故の可能性を疑い、血中アル

コール濃度の検査のため、意識を失っている甲から採血する手段につき検討した。

5　甲は、同月11日午後には意識を回復し、退院も可能な状態になったが、Kらは、甲が殺人未遂事件の捜査線上に浮かんでいた人物であったことに加え、適法に入手した甲の血液から基準値を超える濃度のアルコールが検出されたことから、甲を道路交通法違反（酒気帯び運転）・自動車の運転により人を死傷させる行為等の処罰に関する法律違反（過失運転致傷）により逮捕することとし、上司の警部において裁判官に逮捕状を請求、その発付を得て、同日午後5時、甲を通常逮捕した。甲は、自分が運転し事故を起こしたことは認めたものの飲酒先や飲酒量について曖昧な供述をするなどし、単身無職であったことなどから、同月13日、同事実による勾留請求がなされ、同日、勾留状が発付された。

6　Kは、同月13日から同月22日までの10日間の勾留期間のうち、同月20日までの8日間は専ら逮捕勾留事実で甲を取り調べた。その後、同月21日と同月22日の2日間は、検察庁において逮捕勾留事実に関する取調べが行われたが、J警察署においては、その前後の時間帯を利用し、Kが、供述拒否権があることに加え、取調受忍義務がないことを告げて殺人未遂事実につき質問した。その時間は、各日約3時間ずつに及んだ。甲は、同月3日夜の行動について聞かれ、殺人未遂事件発生の現場近くに行ったことは認める供述をした。

7　他方、捜査本部は、同月21日、殺人未遂被疑事件について捜索差押許可状を得て甲方の捜索差押えを実施したところ、甲方の居間と玄関から血痕のついたパーカーと運動靴を発見し、パーカーに付着した血痕からVのDNA型と同型のDNA型が検出され、また、運動靴と現場に残された足跡とが類似するとの鑑定結果が得られた。

8　甲は、同月22日、酒気帯び運転と過失運転致傷により起訴されるとともに、引き続き殺人未遂被疑事実で逮捕された。甲は、殺人未遂事実には一切関わっていないと否認し、パーカーの血痕や現場の足跡については、野次馬として現場を見に行った際に、血痕や足跡が付着したのではないかと思うと主張した。

9 甲は、殺人未遂事実でも勾留されたが、担当検察官Pが、甲の前科調書、前科にかかる判決謄本及び確定記録を取り寄せ精査したところ、最終の傷害前科（飲酒した状態で通行人に刃物で切り付け傷害を負わせたという事案）の際の甲の供述調書の中に、「酒を飲むと狂暴な気分になり人を傷つけたくなります」などの記載を発見した。そこで、Pは、この供述調書の謄本を作成した。Pは、甲を殺人未遂についても起訴した後、公判前整理手続において、前科調書、前科にかかる判決謄本、上記最終前科時の供述調書の謄本につき、「前科の存在及び内容、甲には飲酒の上粗暴になる傾向があること等」との立証趣旨で証拠調請求し、証明予定事実記載書においても、甲には飲酒の上粗暴になる傾向があることを、殺人未遂事件の犯人性を立証する間接事実の1つとして主張した。

〔設問1〕甲の搬送先のＩ市立病院において、捜査機関が甲の血液を採取するために考えられる手続方法につき、問題点とともに論じなさい。

〔設問2〕甲を道路交通法違反（酒気帯び運転）・自動車の運転により人を死傷させる行為等の処罰に関する法律違反（過失運転致傷）により逮捕勾留したことにつき、問題となり得る点を挙げて論じなさい。

〔設問3〕Pが甲の前科調書、判決謄本、最終前科時の供述調書謄本により甲が殺人未遂事件の犯人であることを主張立証しようとした方針につき、問題となり得る点を挙げて論じなさい。

第7問　詐欺事件①

【事　例】

1　L市内で独り暮らしをしている老女Vは、平成28年9月8日午後1時頃、自宅にいたところ、作業服を着た男の訪問を受けた。この男は、玄関口で「突然すみません、私こういう者です」と言いながら、「L市家屋安全診断協会専任理事　甲」と書かれた名刺を差し出し、「ご近所のお宅に仕事がありまして、通りがかりにちょっとお宅の建物を外から拝見したところ、地震で倒壊するおそれがあるのではないかとお見受けしたもので、ちょっと立ち寄らせていただきました」などと述べた。Vは、そのように言われて自宅に倒壊のおそれがあるのかと怖くなり、「どこか危ないのですか」と聞いたところ、甲は、「きれいに住まれているようですが、築15年から20年は経たれていますね。天井か床下を見せていただければ、もう少し詳しくお話しできます」と言った。Vは、「たしかに、今の建物になってから、もう25年くらいは経ちます。見てもらうのにお金はかかりますか」と言うと、甲は、「診断だけなら無料です。より診断しやすいのは、床下ですね」と言って、Vの案内の下、デジタルカメラを片手にV方の床下に潜り込んだ。15分後、甲は床下から出てきて、Vにデジタルカメラの画像を見せながら、「かなり傷んでますね。震度5くらいでも、危ないかもしれません」と言った。Vが画像を見ると、コンクリートがひび割れたような様子が写っていたため、怖くなったVが「修理できますか」と言うと、甲は、「このくらいの工事なら、うちでもできます。今頼まれると、市の補助制度が使えますよ」と言い、紙を取り出した。紙には、「耐震リフォーム工事　価格表」などという表題の下、「工事A　200万円　工事B　100万円（各税込）　※L市補助制度　平成28年9月末日工事完了まで」などと書かれていた。甲は、「工事の程度により、2種類です。お宅の場合、工事Bの方で何とかやってみますね。現金払いなら、出張費や補強資材代金はサービスしますよ」と言ったので、Vは、「お願いします」と工事を依頼した。

2　同月12日、甲が作業服姿で現れ、半日ほど、V方の床下に潜り込むなど

しており、終了後、「無事終わりました。これなら、震度7くらいまでは大丈夫です」と言いながら、床下にL字型の補強用金具のようなものが取り付けてあるのが写っているデジタルカメラの画像をVに見せた。Vは、甲の言うとおり、耐震のための強化工事がなされたものと思い、甲の「出張費等サービスの現金払いでいいですか。それならちょうど100万円です」という言葉に従って、あらかじめ夫の遺産の貯金から下ろして準備していた現金100万円を甲に交付した。

3　ところが、同年11月になり、Vは、下水管の補修のため床下に入った別の業者から、「奥さん。最近、床下に何かしましたかね」と尋ねられた。Vが、「耐震補強です。100万円かけました」と答えると、その業者は、「……そうですか。どこかへ相談した方がいいかもしれません。あれ、何の意味もない部品が、建物の強度と関係ない所に付いているだけだと思うんですよね」と言った。不安に感じたVが消費者センターに電話をかけて相談すると、「リフォーム詐欺かもしれませんね。警察に相談した方がよいかもしれません」とのことであった。結局、Vは、甲から受け取った名刺や領収書を持ってM警察署に相談し、M警察署では、数年前にも甲が同種手口で行ったリフォーム詐欺事件を取り扱ったこともあり、間もなく捜査に着手した。

4　M警察署のN警部補らは、まず、証拠を保全するため甲方に対する捜索を実施する方針を立て、裁判官に対し、捜索差押許可状の発付を請求した。請求に当たっては、平成28年9月8日から12日にかけてのVに対する100万円の詐欺事実を被疑事実とし、捜索場所をL市内所在の甲の自宅、捜索差押えの目的物として「本件に関係のある名刺、領収書綴り、ノート、メモ、電子データ記録媒体、工事資材・部品」と記載された捜索差押許可状請求書を作成し、その結果、発付された捜索差押許可状の「差し押さえるべき物」欄にも上記目的物と同一の記載がなされた。

5　同年11月21日、Nらは、アパート2階にある甲方を訪れ、「甲さん」と呼びかけ捜索を開始しようとしたが、室内には人の気配があるにもかかわらず、ドアを開ける様子がなく、外からドアを開けようとしても施錠されていて開かなかったことから、Nらは、同アパート1階に住むアパートの大家から合鍵を借り受け、甲方のドアを開けた。そして、玄関から甲方室内に入り、

玄関から見て一番奥の6畳間に1人でいた甲に令状を示して捜索を開始した。甲は、令状を見るやこれを摑んで破り捨てた。また、捜索が始まると、同6畳間のノートパソコンの配線を取り外そうとしたので、Nは直ちにノートパソコンを差し押さえた。

6　Nらは、甲方から押収したノートパソコンをM警察署において解析したところ、デジタルカメラで住宅の床下等を撮影したものと思われる画像データや、Vに示したものと思われる「耐震リフォーム工事　価格表」などという表題の下、「工事A　200万円　工事B　100万円（各税込）　※L市補助制度　平成28年9月末日工事完了まで」などと記載された文書データが保存されていた。また、V方に施された工事について、耐震建築の専門家複数に意見を求めたところ、いずれも「耐震強化という観点から、全く意味のない工事である」旨返答が得られたことなどから、甲を通常逮捕した。甲は、勾留を経て、起訴された。

7　公判において、甲は、V方に行きVの供述するとおりの文言を告げたこと、工事を実施し100万円を受け取ったことは認めたが、「騙すつもりはなかった。自分としては、工事は耐震補強として意味のあることだと思っているし、仮にそうでないという意見の専門家がいたとしても、自分は詐欺をはたらくつもりはなかったのだから無罪だ」と主張した。検察官は、甲が平成24年6月11日、本件同様にリフォーム工事名目に無意味な工事を行い代金を騙し取るという手口の詐欺により懲役2年6月、執行猶予3年間に処せられた前科を有することから、同前科の内容が記載された判決謄本につき、「被告人の犯意等」との立証趣旨で証拠調請求した。

〔設問1〕甲方に対して実施された捜索差押えについて、問題となり得る点を挙げて論じなさい。
〔設問2〕検察官が同種前科の内容を記載した判決謄本を証拠調請求したことについて、問題点を挙げてその適否を論じなさい。

第8問　詐欺事件②

【事　例】

1　平成28年10月11日午前10時、甲は内妻とともに自宅にいたところ、M警部補らの訪問を受け、逮捕状を示されて逮捕された。被疑事実は、独り暮らしのV女方に息子を装って電話をかけ、会社の金を使い込んだ、すぐに100万円を用立ててほしい、などと告げて現金100万円を送付させたというもので、現金の送付先が甲方になっていたため、甲が逮捕されたというものであった。

2　甲は、直ちにL警察署に引致され、同日午前11時より、弁解録取の手続を受け、「お金を受け取ったのは間違いない。詐欺になるとは思わなかった」などと述べた。ちょうどそのとき、N弁護士が、甲の弁護人になろうとする者として、L警察署を訪れ、甲との接見を申し込んだ。Nは、甲の内妻から連絡を受けて駆け付けたものであった。

3　Mは、Nに対し、「現在、弁解録取の手続中です。引き続き、指紋採取手続、更に身上経歴についての取調べと、逮捕事実の概要についての取調べが予定されていますので、接見はそれらの終わる午後4時までお待ちください」と告げた。Nは、同日午後1時から別件で裁判所に行く予定があり、その後も終日予定が入っていたので、接見をあきらめて帰った。

4　Mらが、甲から任意提出を受けて領置した携帯電話機の解析を進めた結果、甲の兄貴分に当たる乙からの「もうすぐ100万円が届くはずだから」などというメールが残っており、本件は乙との共犯事件であり、乙の指示に基づく犯行である疑いが浮上した。

5　そこで、同月12日、警察から事件送致を受けたP検察官は、接見禁止請求を行うこととした。さらに、検察官送致当日である同日午前11時頃、検察庁を訪れ接見を申し込んだNに対し、「もう5分もすれば弁解録取が始まります。その後は裁判所の勾留質問がある上、検察庁と裁判所には立会人なしに接見できる設備がありませんので、お引き取り下さい。午後6時頃には、L警察署に戻っているはずです」と答えた。Nは、それを聞いて、事務所に

帰った。Nと甲の初回接見は、結局、同日午後6時からL警察署において実施された。

6　裁判官は、甲の勾留と接見禁止を相当と認め、勾留状を発付した。甲は引き続き勾留され、Mらの取調べを受けた。甲は、詐欺を行ったことについて概ね認めるようになった一方、乙の関与については、「兄貴には内緒で自分が勝手にやったことだ」などと述べた。Mらは、「乙から受け取ったメールの意味は何だ」などと尋ね、甲は、「知らない」などと否定していた。そこで、Mらは、「接見禁止中だが、内妻に会わせてやってもよいぞ」と述べた。また、真実は未だ乙に対する聴取は未実施であったにもかかわらず、「乙に任意で話を聞いたら、『甲に脅されて無理やりやった』と言っているぞ」などと告げた。甲は、それらを聞き、内妻に会いたい、という気持ちと、乙に裏切られた、という思いから、「本当のことを話す。乙に指示されてやったことだ。乙から渡された犯行メモと、Vから受け取った100万円が、自宅冷蔵庫のカレーの箱に入っている」などと自白した。Mらは、甲の自白内容を、供述調書に録取した。なお、その翌日、甲はMらの取計らいにより、内妻と面会した。

7　Mらは、同月17日、甲方の捜索差押許可状を請求の上、甲方の捜索差押えを実施したところ、甲の供述どおり、冷蔵庫のカレーの箱の中から、犯行メモと現金100万円が発見された。同犯行メモからは、乙の指紋が検出された。

8　そこで、Mらは、同月19日、乙も通常逮捕した。P検察官は、甲について、勾留期間の満了する日に、乙と共謀の上で詐欺を行ったとして詐欺罪で起訴し、その後、甲の公判廷において、甲の自白を内容とする供述調書や、犯行メモ、現金100万円などにつき、証拠調請求を行った。

〔設問1〕N弁護士の接見の求めに対応したM警部補及びP検察官の対応について、問題点を挙げて論じなさい。

〔設問2〕甲の自白を内容とする供述調書の証拠能力について、問題点を挙げて論じなさい。

〔設問3〕甲方から発見された犯行メモと現金100万円の証拠能力について、問題点を挙げて論じなさい。

第9問　強盗事件

【事　例】

1　平成28年11月14日午前3時頃、L市内のコンビニエンスストアに強盗が入ったとの110番通報がなされた。通報者は被害に遭ったコンビニエンスストアの店長で、「たった今、2人組の強盗に入られました。1人は黒のジャージ上下にニット帽を目深にかぶっており、もう1人は白のジャージ上下を着て長髪を後ろに束ね、メガネに白いマスクをしていました。1人で店番をしていたら、レジにいた私に黒のジャージの男がカッターナイフを突き付け、白のジャージの男がレジから現金を抜き出してレジ袋に入れて持ち去りました。追いかけましたが、店から東の方向に逃げていきました」という内容であった。

2　通報を受けたM警察署では、無線を用いて管内を警ら中の警察官に対し110番通報内容を伝達し、緊急配備体制をとるよう指示した。無線で連絡を受けたN巡査部長及びO巡査は、制服を着用し、警ら用自動車に乗って通報内容に沿う犯人を捜していたところ、同日午前3時30分頃、現場から東に約2km離れた路上で、2人組の男が東に向かって歩いているのを発見した。N及びOは、警ら用自動車を停めて徒歩で2人組の男に近づき、1人が黒いジャージ上下、もう1人が白いジャージ上下を着ていることを確認した上「ちょっといいですか」と声をかけたところ、黒いジャージの男が走って逃走しようとしたので、Nがこれを追いかけ、数m先で肩をつかんで停止させた。

3　Nは、黒いジャージの男に対し、氏名を尋ねたところ、男は「甲」と答え、身分証呈示の求めに対しても、「甲」と記載された運転免許証を呈示した。「こんな時間に何をしていたのですか」との質問に対しては、甲は「散歩」とだけ答え、「ポケットに入っているものを見せてもらっていいですか」という質問には、黙って左ポケットから毛糸玉様のものを取り出してNに手渡してきたので、Nが確認すると、折りたたまれたニット帽であった。Nが「さっき近くのコンビニで強盗があったのですが、知りませんか」と尋ねる

と、甲は、しばらく黙った後、「2人で強盗をしました」と言いながら2〜3
m離れた場所でOから質問を受けている白いジャージの男を見た。

4 他方、白いジャージの男に対しては、Oが質問をしていたところ、氏名に
ついては、「乙」とだけ答え、「どちらへ行かれるのですか」との質問には、
「帰る途中」とだけ答えたが、「家はどちらですか」「どこに行ってきたのです
か」との質問には、黙って何も答えなかった。Oは、乙が長髪を後ろに束
ねていること、更に乙が白いレジ袋を右手に提げていることに気づき、「中
に何が入っているのですか」と尋ねたが、乙がなお黙っていたので、上から
中を覗き込もうとしたところ、乙はレジ袋の口を握って後ろ手に持ち替えた。
そこで、Oは「ちょっと失礼します」と言いながらレジ袋の外側からレジ袋
を触ったところ、紙のようなものの中に、硬い金属様の感触があった。その
頃、Nが「こっちは認めたぞ」と言ったため、N及びOは、同日午前3時
50分頃、質問を行っていたその場において、2人で共謀の上コンビニエンス
ストアに対し強盗を行ったとの被疑事実で、刑訴法212条2項により甲及び
乙を逮捕した。

逮捕に伴い、甲と乙の身体及び所持品を捜索したところ、甲のジャージの
右ポケットからはタオルにくるまれたカッターナイフが、乙の提げていたレ
ジ袋内からは紙幣、硬貨及びマスクが発見され、いずれも差し押さえられた。

5 甲及び乙は、M警察署に引致され、引き続き勾留された。

甲は、P警部補の取調べに対し、「2人でコンビニ強盗をしたのは間違い
ありません。乙さんからコンビニ強盗をしようと誘われました」旨供述し、
Q検察官からの取調べに対しても、「乙さんから誘われ、コンビニ強盗をし
ました。乙さんは、中学の2年先輩で、暴力団事務所に出入りしていました
が、最近シノギがない、上納金が払えない、強盗でもするしかない、と言っ
て私を誘ってきました。私も仕事がなく、生活に困っていたので、応じまし
た」などと供述した。Qは、当該取調べの内容を録音・録画するとともに、
甲の供述内容を〈供述調書〉に録取した。

他方、乙は、R警部補の取調べに対し、「甲は中学の後輩で、自分はジョ
ギング中に甲から声をかけられた。甲が差し入れです、と言って白いレジ袋
を渡してきたので、てっきりビールか何かだろうと思い受け取った。甲が自

分と会う前にどこで何をしてきたかは全く知らない」などと供述した。Qからの取調べに対しても、乙は同様の供述をした。

6 Qは、勾留期間の満了する日に、甲及び乙を、共謀の上、コンビニエンスストアで強盗をした旨の事実で起訴した。

7 公判段階に至り、甲は、捜査段階と同様、罪状認否において、事実関係を認めたが、乙は、共謀した事実も強盗した事実もないとして、無罪を主張した。そこで、裁判所は、第2回公判期日以降の弁論を分離して審理することとした。

　分離後、Qは、乙の公判廷において、検察官の面前における甲の〈供述調書〉を証拠として取調請求したが、乙の弁護人が不同意意見を述べたため、甲を証人として請求し、裁判所が証人尋問を実施した。甲は、乙の公判廷において、「事件のことはよく覚えていない」などと述べ、さらに、よく思い出して供述するようにとのQや裁判官からの再三の尋問・説得に対し、「自分のやったコンビニエンスストア強盗について、共犯者のことは言いたくない」「乙は中学時代の先輩で、暴力団事務所に出入りしていると聞いている」「乙が逮捕直前に自分と会ったと言っているなら、そうだったかもしれない」「捜査段階で検察官に話したときは、当時の記憶に沿って話していると思う」などと述べた。そこで、Qは、改めて検察官の面前における甲の〈供述調書〉を証拠調請求し、また、その際の録音・録画記録媒体であるDVDについても、証拠調請求した。

〔設問1〕甲及び乙の逮捕に至る手続の適法性について、問題となり得る点を挙げて論じなさい。

〔設問2〕Qが乙の公判において請求した検察官の面前における甲の〈供述調書〉及び録音・録画記録媒体たるDVDの証拠能力について論じなさい。

第10問　常習傷害事件

【事　例】

1　Ｊ警察署のＫ警部補は、平成28年4月2日、V_1から、「夫である甲から頻繁に暴行を受け、傷害を何度も負っている。昨夜（4月1日）、甲からまた激しい暴行を受け、傷害を負った。ここに来る前に、病院で治療を受け、診断書をもらってきた。以前傷害を負って治療を受けた記録も、病院に残っているはずだ」旨の被害申告を受けた。そこで、Ｋが捜査したところ、V_1の供述が医師の診断内容からも裏付けられ、また、甲に対する任意聴取の結果、甲もV_1に対し日頃から暴力を振るっていた事実を認めたことから、常習傷害罪（暴力行為等処罰に関する法律1条の3違反）で甲を逮捕することとし、同年4月10日、甲は同罪で勾留された。

2　同事件の主任検察官となったＰは、上記常習傷害罪の送致事実につき捜査を遂げたところ、4月1日実行の傷害事実については明らかな証拠があると考えたが、それ以前の傷害については、嫌疑は存在するものの、V_1の供述に曖昧な部分もあり、時期・暴行態様の特定や、暴行と傷害との間の因果関係の立証上困難な部分が残ると考え、4月1日実行の傷害事実（刑法204条）でのみ甲を起訴した。甲は、同年5月31日に開かれた第1回公判期日において、公訴事実を認め、同日保釈された。甲の身柄引受けは、甲の両親が行い、甲は実家に戻った。

3　ところが、甲が保釈されたことを聞きつけた甲の前妻V_2が、同年6月7日、Ｊ警察署にやって来て、Ｋに対し、「実は、私も甲から頻繁に暴行を受け、傷害を何度も負った。別れるきっかけとなった平成27年9月1日の傷害については、診断書もとってある。甲はまたやると思うので、自分も被害申告したい」旨述べたことから、Ｋは、V_2に対する傷害の事実が、V_1につき逮捕勾留した際の常習傷害事実と一罪の関係にあると考えたが、V_2の処罰感情が強かったことから、V_2に対する傷害の事実について、捜査を開始し、同事実につき、上司の警部と協議の上、逮捕状発付を受ける準備を始めた。

4　その後、平成28年6月14日、裁判所は甲に対し、V_1に対する4月1日

実行の傷害事実につき、懲役1年執行猶予3年間の有罪判決を宣告し、同判決に対しては、当事者双方が上訴権を放棄したことから、同年6月16日、同判決が確定した。

5 しかし、同年6月17日、Kは、甲とV_1の間の子であるV_3から、「甲が先週、6月10日にやってきて、『V_2から警察に被害申告してやったと言われた。お前がV_2に告げ口をしたんだろう。また警察に追われる羽目になるじゃないか』などと言いながら暴行を振るってきたため、傷害を負った。診断書もある」などと被害申告を受けた。

6 結局、Kは、同年6月10日実行のV_3に対する傷害事実で、同年6月20日、甲を逮捕し、甲は、同事実で勾留された。また、その頃、Kは、平成27年9月1日実行のV_2に対する傷害事件につき、在宅事件として検察官に送致した。Pは、V_3に対する傷害事件及びV_2に対する傷害事件の主任検察官として捜査を遂げ、常習傷害事件との疑いを強く持ったものの、結局、V_3に対する傷害事件、V_2に対する傷害事件を刑法204条の併合罪として起訴した。

7 甲は、平成28年8月31日に開かれた公判期日において、V_2に対する傷害事件、V_3に対する傷害事件のいずれについても事実を認めたが、弁護人は、甲は同年4月に常習傷害罪で逮捕勾留され、更にV_1に対する傷害罪により有罪判決を受けて同判決が既に確定しているのであるから、本件各犯行は、一罪の一部について確定判決があることになり免訴とすべきだと主張した。

〔設問1〕 V_2に対する事件で甲を逮捕勾留することの是非及びV_3に対する事件で甲を逮捕勾留したことの是非につき論じなさい。

〔設問2〕 Pが甲を傷害罪で起訴したことについて問題となり得る点を挙げて論じなさい。

〔設問3〕 甲のV_2及びV_3に対する傷害事件の公判で弁護人が主張したことにつき、裁判所はどのように対応すべきか論じなさい。

第11問　背任事件

【事　例】

1　平成28年12月、経営が悪化した株式会社L銀行内部において、旧経営陣の甲元頭取らによる不適切な融資が行われていたとの嫌疑が生じた。そこで、M警察署は、L銀行本店に対し、特別背任（会社法960条違反）容疑で捜索差押許可状を得て捜索差押えを実施する方針を固めた。

2　M警察署のN警部補らは、同月5日、H地方裁判所裁判官に対し、被疑者を「甲」、犯罪事実の要旨を「被疑者は、H県I市J町○丁目△番地に本店を置く株式会社L銀行の頭取として、同銀行の業務全般を統括していたものであるが、融資先であったK株式会社の営業状態、資産状態等が著しく悪化し、平成27年8月現在で貸付金残高が□億円に達し、そのうち約×億円以上が保全不足の状態にあったため、同社に対するそれ以上の融資をしても、確実な回収の見込みがなかったのであるから、同社に対する貸し増しを停止し、適宜担保物件を処分するなどして融資金を回収し、新たな融資をする場合には確実十分な担保を提供させるなど万全の措置を講じるべき任務があったにもかかわらず、同社の利益を図る目的をもって、その任務に背き、同社からの依頼に応じ、同月24日頃、同銀行本店において、同社に対し、同銀行資金1億円を貸し付け、もって、同銀行に対し、同額の財産上の損害を加えたものである」などとして捜索差押許可状の発付を請求した。これを受け、被疑者を「甲」、罪名を「会社法違反」、捜索すべき場所を「H県I市J町○丁目△番地株式会社L銀行本店ビル」、差し押さえるべき物を「本件に関連する融資稟議書、担保明細書、取締役会議事録、帳簿、メモ等」とする捜索差押許可状が発付された。

3　Nらは、平成28年12月6日、上記捜索差押許可状を持参してL銀行本店ビルを訪れ、1階ロビーにて新経営陣の頭取に対し令状を呈示して捜索に着手した。同日時点では、甲は頭取を退き相談役という立場にあったことから、甲の使用している同本店ビル9階の相談役室内を捜索するため、Nらが9階でエレベーターを降りたところ、同相談役室前の廊下で甲の秘書乙とす

れ違った。乙は、アタッシュケースを右手に持っており、Ｎが声をかけると、「すみません。これから、急いで書類を届けなければなりませんので」と言って立ち去ろうとした。Ｎは、「アタッシュケースの中を見せてもらえませんか」と言ったが、乙は、「大事な書類で、すぐに届けないと当社に損害が出てしまいます」などと言いながら、なお立ち去ろうとした。そこで、Ｎは、乙の右手からアタッシュケースを力ずくでもぎとった。しかし、アタッシュケースには施錠がされていたため、乙に対し、「開けてもらえますか」と言うと、乙は黙ったままだったので、Ｎはドライバーを用いて開錠した。中には、被疑事件とは無関係と思われる書類数枚が入っていたのみであった。

4　続いて、Ｎらは、甲の使用している相談役室に入り、室内の捜索を行った。甲は在室しておらず、乙は、憤然とした表情でＮらの動きを見ていたが、Ｎが入口近くにあった机の引出しを開けようとしたところ、「待ってください。ここは私の机です。勝手に開けられては困ります」と言った。Ｎが、「捜索の必要があります」と言うと、乙は、「私の私物が入っているだけです」と答えた。Ｎが、「では、中を確認させてもらえますか」と言うと、乙は「嫌です。鍵がかかっています」と言ったので、Ｎが引き出しに手をかけたところ、実際に鍵がかかっていた。そこで、Ｎは、ドライバーを用いて鍵を開け、中を確認した。引き出しの中には、乙の言ったとおり、私物の歯ブラシやお菓子が入っていたのみであった。

5　他方、甲の机やロッカーからは、甲の手帳やパソコン、メモ等が発見され、差し押さえられた。また、捜査に協力する姿勢を示した新経営陣において、被疑事実となったＫ株式会社への融資にかかる【融資稟議書】（別紙1）、【取締役会議事録】（別紙2）等が綴られたファイル類が8階会議室にあらかじめ運び込まれていたことから、これらも差し押さえられた。

6　その後、捜査が遂げられ、甲は、特別背任罪で起訴された。甲の公判段階において、検察官は、上記【融資稟議書】及び【取締役会議事録】等を証拠調請求したのに対し、弁護人は全部不同意の意見を述べた。

〔設問1〕Ｎらが実施した捜索差押手続の適法性について問題となり得る点を指摘しつつ論じなさい。

〔設問2〕（仮に捜索差押手続の適法性に問題がなかったとして）【融資稟議書】及び【取締役会議事録】の証拠能力について、検察官がいかなる立証趣旨で請求するのかを踏まえつつ論じなさい。

（別紙1）

管理番号 15—○○○—××××
起案日　平成 27 年 8 月 10 日
決裁日　平成 27 年 8 月 24 日

担当：融資第 1 部 1 課　丙

融資稟議書

下記につき決裁を求めます。

決裁欄

課長	（承認・不承認）	印
部長	（承認・不承認）	印
担当役員	（承認・不承認）	印
頭取	（承認・不承認）	印

融資詳細

1　融資先　　　　K 株式会社
2　取引実績　　　平成 24 年 4 月〜
3　経営状況　　　（略）
4　今回融資予定金額　　1 億円
5　担保内容　　　（略）
6　その他参考事項　（略）

（別紙2）

取締役会議事録

平成27年8月20日（木曜日）午前10時より当会社本店会議室において取締役会を開催した。
　　取締役の総数　　○名　　　出席取締役の数　　△名
　　監査役の総数　　□名　　　出席監査役の数　　×名
　以上のとおり出席があったので、本取締役会は適法に成立した。代表取締役頭取甲が議長となり、定刻に開会を宣し、直ちに議案の審議に入った。

第1議案　K株式会社に対する融資の件
　議長は、融資稟議書に基づき、設備老朽化にともない、最新の設備へ更新する必要性、必要な費用、資金調達の方法、効果について説明した。その後、出席取締役の間で議論がなされ、全会一致で本件を可決した。
　　融資額　　　　　1億円
　　時期　　　　　　平成27年8月24日

第2議案　（略）

　以上をもって本取締役会の議案を終了したので、議長は閉会を宣し、午前11時30分に散会した。
　上記の決議を明確にするため、本議事録を作成し、議長および出席取締役、監査役がこれに記名捺印する。

平成27年8月20日
株式会社L銀行取締役会
議長　　代表取締役頭取　　甲　　㊞
　　　　専務取締役　　　　丁　　㊞
　　　　取締役　　　　　　戊　　㊞
　　　　取締役　　　　　　己　　㊞
　　　　監査役　　　　　　庚　　㊞

第 12 問　覚醒剤所持事件

【事　例】

1　平成28年12月中旬、L県M警察署生活安全課のN警部補らは、管内に居住する甲が覚醒剤を県外の暴力団関係者から宅配便を用いて繰り返し購入しているとの情報を得た。そこで、宅配便業者の営業所に対して照会を行うなどの捜査を行ったところ、甲が自己名義で契約し、内妻Wを居住させているウィークリーマンション201号室に宛てて、伝票に内容物「菓子」との記載がなされた小型の荷物が何度も送られていること、配達員の供述によれば、その配達の際は最初のインターホン越しの呼び鈴では応答がなく、配達員が荷物を持ち帰ろうとするところへ男性が印鑑を持って追いかけてきて路上で荷物を受領することなどが明らかになった。

2　そこで、Nらは、宅配便業者の営業所長に事情を説明し、同年12月下旬、3回にわたり、「W方甲」を荷受人とする配達前の荷物を借り受け、エックス線検査を行った。このエックス線検査は、空港で使用されている手荷物検査用の機械を使用し、中身を開披することなく外部からエックス線を照射することにより、内容物の影を画面に映し出し、その映像から分かる範囲で内容物を推定するというもので、荷送人・荷受人の承諾を得ることなく行われ、3回の検査のうち、1回目は内容物が判然としなかったものの、2回目と3回目は内容物が袋に入った結晶状のものであることが確認できたため、Nらは、甲が宅配便を利用し薬物を受領しているとの疑いを強くした。

3　年が明けた平成29年1月8日にも、W方甲を荷受人とし、伝票に内容物「菓子」との記載がなされた荷物があるとの連絡を受け、Nらが、営業所長の了解を得てエックス線検査を実施したところ、過去2回と同様、内容物が袋に入った結晶状のものであることが判明したことから、Nらは、この荷物が配達され、甲が受領した際に予試験検査を経て甲を現行犯逮捕するという方針を立てた。その際、甲が路上で荷物を受領した場合には、W方まで甲を移動させ、W方で現行犯逮捕することにより、W方について逮捕に伴う捜索を実施するということも話し合った。

4 同月 9 日、前記荷物が W 方に配達された。N らは、物陰に隠れて情を知らない宅配便業者の配達員がウィークリーマンション 1 階の W 方インターホンの呼び鈴を押すところを観察し、引き続き、応答がないためウィークリーマンションから荷物を持って出てきた配達員を追いかけて甲が 201 号室から駆け下りてきた姿を目撃した。甲は、ウィークリーマンション横の路上で配達員から荷物を受け取り、ウィークリーマンション内に戻ろうとしたので、N らは甲に駆け寄り、警察手帳を示しながら、「警察だ。荷物の中身は何か」と話しかけた。それに対し、甲は、一瞬驚いた表情を浮かべたが、すぐに苦笑いを浮かべて「ばれてたんですね。それなら聞かなくても分かるでしょう」などと答えた。

5 甲は、「どこの警察の方ですか。荷造りはさせてもらえますか」などと言ったので、N らは、「ここではなんだから、一緒に行こう」と言って、201 号室に案内させた。201 号室は居室にキッチンとユニットバスのついたワンルームタイプの間取りであり、居室中央のベッド上に W がいた。N らは、201 号室内の玄関付近で、宅配便荷物の開披を求め、予試験を実施して覚醒剤成分の反応が出たため、事前に話し合っていたとおり、甲を覚醒剤所持の事実で現行犯逮捕し、引き続き 201 号室内の捜索を開始した。N らは宅配便荷物を差し押さえるとともに、ユニットバス内の洗面台から注射器 3 本と白色結晶粉末の入ったビニール袋を発見したので、これらも差し押さえた。

6 甲は、M 警察署に引致され、引き続き勾留された。甲は、勾留中、尿の任意提出を求められてこれに応じ、領置された尿からは鑑定の結果、覚醒剤成分が検出された。また、N らは、W 方とは別に、甲の自宅についても捜索の必要があると考え、前記現行犯逮捕に伴い実施した捜索時に発見し差し押さえた証拠物について写真撮影し、これを疎明資料の 1 つとして L 地方裁判所裁判官に宛てて甲の自宅の捜索差押許可状を請求し、発付された許可状をもって甲の自宅を捜索した。

7 捜索の結果、甲の自宅からも覚醒剤 3 袋が発見され、これらも差し押さえられた。

〔設問1〕甲の現行犯逮捕に伴い実施された捜索差押えの適法性を論じなさい。

〔設問2〕甲の尿の鑑定結果を記載した鑑定書及び甲の自宅から発見された覚醒剤3袋の証拠能力を論じなさい。

第13問 遺棄事件

【事 例】

1 平成29年2月1日午後9時頃、L市内の国道脇の植え込みの陰に、6歳くらいの男児が倒れているのを通行人が発見し、119番及び110番通報した。駆け付けた救急隊による確認の結果、男児は既に死亡しており、死因を解明するため、司法解剖を実施したところ、男児の死因は頭部外傷に基づく急性硬膜下血腫であって、死後約2ないし3時間が経過していることが判明した。そこで、M警察署のN警部補らは、男児の身元判明に努めるとともに、事故と事件の両面から真相を解明すべく、捜査を開始した。

2 男児の着衣に基づく聞き込み捜査などの結果、男児はL市内の死体発見現場から車で10分ほどの場所に住む甲女の長男Vであることが判明した。甲から事情を聴取したところ、甲は当初、「当時まだパート勤務中であったので、なぜVが国道脇に倒れていたのか分からない。一人で外出して事故に遭ったのではないか」などと涙ながらに供述していたが、Nらが甲のパート勤務の終了時刻を確認するなどしたところ、甲は、「実は、当日午後6時過ぎ頃、パート勤務を終えて帰宅したところ、Vが居間でぐったりした状態で倒れていた。私の交際相手の乙から暴行を受けたものと思い、当初病院に運ぶつもりでVを車に乗せて出発したが、途中、Vが全く反応なくもはや死んでしまったと思ったことや、自分も乙と一緒にVを虐待して死なせたなどと疑われることが怖くなり、病院に行くことなく、国道脇の植え込みの陰にVを遺棄して逃走した」などと供述するようになった。

3 そこで、Nらは甲を死体遺棄事実で逮捕し、甲の供述の裏付けなどの捜査を実施したところ、甲の供述するとおり、当日午後7時過ぎ頃にV発見現場近くで甲が一人で運転する車を目撃したとの情報が得られた。他方、甲の交際相手の乙は、逃走して所在が不明であった。Nらは、乙による殺人ないし傷害致死事件との疑いを持ち、また、死体遺棄についても乙の関与があるのではないかとの疑いを持ったが、甲は、「事件当日の夕方もそれ以降も、乙には会っていないので分からない」などと供述し、真相解明は進まなかっ

た。

4 担当検察官のＰは、勾留期間の満了する日に、甲を、「被告人は、平成29年2月1日午後6時頃、Ｌ市○○所在の被告人方において、長男Ｖ（当時6歳）が倒れているのを発見したが、同日午後7時頃、遅くともその頃には死亡していた同児の死体を自己の運転する普通乗用自動車に積載し、同所からＬ市××付近の国道脇の植え込みの陰に運んで放棄し、もって死体を遺棄したものである」との公訴事実で起訴した。

5 公判段階に至り、弁護人は、Ｖ遺棄時点におけるＶの死亡が明らかでないとして無罪を主張するとともに、そもそも本件は乙の指示に基づく従属的犯行であり、単独犯として起訴したのは不当であって公訴棄却を求める、などと主張した。

6 裁判所は、Ｖの司法解剖に当たった法医を証人として採用し、尋問したところ、法医は、Ｖの死因について、「頭部外傷に基づく急性硬膜下血腫である」と捜査段階と同じ見解を述べたが、Ｖの死亡時期については、「平成29年2月1日午後6時ないし午後7時頃であるが、それ以上に詳細な時刻については特定困難である」と述べた。また、被告人質問を実施したところ、甲は、「乙に対する未練が残っていて、捜査段階では乙をかばうような供述をしてしまったが、この法廷では本当のことをお話しします。今回の遺棄事件は、帰宅後、乙から命令されてやったものです」などと述べた。

7 裁判所は、法医の証人尋問の結果、甲がＶを遺棄した時点において、Ｖが死亡していたかどうかは判然としないとの心証に至った。また、被告人質問等の結果、Ｖの遺棄行為について、甲が単独で実行行為の全てを行った事実は認められるが、それは乙の指示に基づくものであるとの心証を得た。

〔設問1〕弁護人による公訴棄却の主張の当否を論じなさい。

〔設問2〕裁判所は「保護責任者遺棄又は死体遺棄」との事実を認定した上、軽い死体遺棄罪の罰条で処断することができるか。また、遺棄時点のＶの生死が判然としないという前提で端的に死体遺棄を認定することはできるか。

〔設問3〕本件で有罪の認定ができる証拠が存在したとして、裁判所は、訴因

変更手続を経ることなく「乙と共謀の上」と認定できるか。また、単独か乙との共謀かのいずれかであることは間違いないとして、「単独又は乙と共謀の上」との認定はできるか。

第14問　殺人事件

【事　例】

1　平成29年3月3日午前7時半頃、L市内の雑木林において、死後数時間内の若い女性の死体が散歩中の近隣住民により発見された。身元確認の結果、被害者は同市内に住む24歳のVと判明し、司法解剖の結果、死因は頸部をロープのようなもので締められたことによる窒息死で、推定死亡時刻は同日午前4時頃と診断された。そのため、M警察署に捜査本部が設置され、捜査が開始された。

2　捜査の過程で、死体発見現場近くのコンビニエンスストアに防犯カメラが設置されており、死体発見の約5時間前である同日午前2時過ぎに黒いスポーツカーに乗った男性と共に同店で買い物をするVの姿が映っていたことが判明した。そのため、この男性が重要参考人として浮上し、この画像をもとに聞き込み捜査を実施したところ、同市内に住む甲が画像の人物に似ているとの情報が寄せられた。

3　そこで、M警察署のN警部補らは、防犯カメラに映った人物と甲の同一性を確認する必要があると考え、甲の容貌をビデオ撮影することとし、同月11日、甲方近くに停車した捜査用車両の中から、公道上を歩いている甲の姿をビデオカメラで撮影した。さらに、Nらは、防犯カメラの画像に映っていた人物がはめていたブレスレットと甲がはめているブレスレットとの同一性を確認するため、同月13日、甲が飲食していたファミリーレストランの店長に依頼し、店内の防犯カメラと、所持していた小型ビデオカメラを用いて、店内で飲食中の甲をビデオ撮影した。

4　Nらは、防犯カメラの画像及びNらが撮影した甲の映像について、科学捜査研究所において画像解析の経験を多数有する、工学部卒で電子情報工学が専門の技術吏員Pに依頼し、デジタル保存されたデータを静止画像に分離して拡大・鮮明化する処理などをしてもらい、さらに、法医学・解剖学の専門家で顔貌鑑定歴約10年・約100件の経験を有する大学教授Qに顔貌鑑定を嘱託した。Qは、スーパーインポーズ法（同一性を判断する対象の写真を

重ね合わせ、両者の輪郭、推定される骨格や軟部組織の厚さ、顔面各部の位置関係等を解剖学的に検討し、個人識別を行う検査法）及び形態学的検査（目・鼻・口その他生体組織の形、大きさ、位置関係など形態的な特徴を採得しその対比を行う方法）を中心に、更にその出現頻度などを併せ数値化して統計学的にも比較する方法を用いて、防犯カメラの画像に映った男性は甲と同一人物の可能性が極めて高いとの鑑定を行い、その結果を〈顔貌鑑定書〉に記載した。

5　上記鑑定結果に加え、甲は、黒いスポーツカーを使用しており、検証許可状に基づく同車内の検証の結果、Ｖのものと見られる毛髪が発見されたこと等から、甲の任意取調べを実施したところ、甲はＶを殺害しその死体を遺棄した事実を認めた。そこで、甲は殺人及び死体遺棄の被疑事実で逮捕された。甲は、勾留された後、自白を続けたが、その言動には意味不明の内容が含まれていたことから、担当検察官Ｒは、犯行当時における甲の精神状態について精神鑑定を嘱託することとした。勾留延長後、約２か月間の鑑定留置が認められ、精神科医師Ｓによる精神鑑定が実施されたが、その結果は、犯行当時、甲は事物の理非善悪を弁識する能力又はこの弁識に従って行動する能力が欠如又は著しく減退していたとはいえない、というものであり、【精神鑑定書】（別紙）にとりまとめられた。そこで、Ｒは、鑑定留置期間終了後、勾留期間の満了する日までに、甲を殺人及び死体遺棄の事実で起訴した。

6　Ｒは、公判前整理手続において、前記〈顔貌鑑定書〉を「甲が犯行直前に現場付近にいた事実」、【精神鑑定書】を「甲の責任能力及び殺意の存在」との立証趣旨で証拠調請求した。弁護人は、犯人性、被告人の責任能力のいずれも争うとし、両鑑定書をいずれも不同意とする意見を述べた。

〔設問１〕Ｎらが甲の容貌をビデオ撮影した手続の適法性について論じなさい。
〔設問２〕〈顔貌鑑定書〉及び【精神鑑定書】の証拠能力について問題点を挙げながら論じなさい。

（別紙）

平成 29 年 5 月 19 日

医学士・精神保健指定医　Ｓ　㊞

精神鑑定書

　平成 29 年 3 月 3 日 L 市内で発生した殺人等被疑事件につき、被疑者甲に関する精神鑑定の嘱託を受け、本鑑定を実施したので、以下記載する。

記

1　鑑定嘱託事項
　　犯行当時における被疑者甲の精神状態
2　被疑事実　　　　　（省略）
3　家族歴等　　　　　（省略）
4　身体所見　　　　　（省略）
5　臨床心理検査結果　（省略）
6　問診結果
　(1)　問診実施の日時等
　　　平成 29 年 5 月○日　　当院診察室
　(2)　問診内容
　　（前略）
　　（Ｖとの関係は）出会い系サイトで知り合った。
　　（いつごろ）事件の数日前。
　　（会うことになったのは）こっちから誘った。
　　（犯行現場に行ったのは）ドライブしているうちに、なんとなく。
　　（以前から知っている場所か）行ったことはある。
　　（殺害当時の記憶はあるか）だいたい覚えている。
　　（どういう気持ちだったか）悪口を言われ、とっさに、かっとなって、殺してやる、と思った。
　　（以下略）
7　本件犯行当時の精神状態　　（省略）
8　鑑定主文
　　被疑者は本件発生当時、事理を弁識し、弁識に従って行為する能力に若干の障害を有していた可能性があるものの、著しく障害されていたとはいえないと考える。

以上

第15問　傷害事件①

【事　例】

1　平成29年4月3日午後9時45分頃、L県警察本部に救急隊から110番通報が入った。その内容は「芸能人である甲の家で友人や知人を招いてガーデンパーティーが開かれていたが、その途中、甲が参加者のVに食器を投げつけるなどしたらしく、Vが血を流して倒れている」というものであった。午後9時55分頃、M警察署のN警部補らが現場である甲方に到着したところ、パーティーは専ら甲方の庭で開かれており、庭に出ると、庭に設置されたテーブルや椅子の近くにスプーンやフォーク、割れた皿やガラスが散乱していた。参加者十数名は庭にとどめられており、甲も庭の隅で血のついたハンカチを片手に気まずそうにワインを飲んでいた。負傷したVは頭から血を流していたが、意識ははっきりしており、救急車で搬送されようとしているところであった。NがVから簡単に事情を聴くと、110番通報通り、「甲からやられた」と答え、甲との関係については、「甲とは知り合いで、自分は芸能事務所を経営している。仕事にからんで甲と口論となり、甲が暴力を振るってきた」などと答えた。

2　Vが搬送された後、Nらは、他の参加者から事情を聴くと、同日午後9時過ぎ頃、甲がVと口論になり、Vを殴ったり蹴ったりし、更には食器を投げつけるなどしたのは間違いないとのことであり、甲自身もVに対して暴行を加えたことを認めた。そこで、Nは甲方の庭において、甲を現行犯逮捕した。引き続き、Nらは逮捕に伴う捜索を行うこととし、庭に散乱していた食器類を差し押さえた。さらに、甲とVとの関係を解明するための日記・アドレス帳・通信機器や、室内インターホンに録画データとして残った防犯ビデオの画像を証拠として保全する必要があると考え、甲方の居間及び玄関についても捜索差押えを実施し、居間からスケジュール帳と、玄関に設置された室内インターホン内からSDカードを取り出して差し押さえた。

3　続いて、Nらは庭に戻り、甲の着衣内ポケットについても捜索を実施しようとしたところ、騒ぎを聞きつけた報道陣や野次馬が甲方敷地前に多数集ま

ってきて、中には脚立を立てて甲方庭内の撮影を試みる者も出てきた。そこで、N は目隠し用のシートを準備するよりも警察署に移動しての捜索差押えを実施した方が早いと考え、約 4 km、車で約 10 分離れた M 警察署に移動し、M 警察署到着後、直ちに甲の着衣内ポケット等を捜索したが、事件に関連するものは見つからなかった。

4　甲は逮捕された後、引き続き勾留された。V は、医師による手当てを受け、入院の必要はないが、通院加療 10 日間を要する頭部切創等と診断された。勾留期間中、V は M 警察署の中庭を使って実施された被害再現見分に立ち会い、M 警察署警察官を被疑者役に見立てた見分において、被害の状況を動作を用いて指示説明し、その状況は、写真十数枚に撮影され、〈被害再現見分調書〉に添付された。

5　結局、甲は勾留期間の満了する同月 14 日、V に対し暴行を加え傷害を負わせたとの事実で起訴され、同日中に保釈されたが、その公判段階において、甲の弁護人は、暴行の態様を争い、検察官が証拠調請求した V の供述調書や〈被害再現見分調書〉も不同意とした。

6　そこで、検察官は V の証人尋問請求を行い、裁判所はこれを採用した。V の証人尋問において、主尋問を開始した検察官は、まず、甲と V との関係についていくつか質問した後、「続いて被害の状況について質問します」と述べながら、〈被害再現見分調書〉添付の写真を手に証人 V に近づくと、「写真を示します。これはあなたが被害に遭った状況を撮影したものに間違いありませんか」と質問した。これに対し、弁護人は、異議を申し立てた。

〔設問 1〕N が甲方において行った捜索差押えの適否を問題点を挙げて論じなさい。

〔設問 2〕検察官が証人 V に対し行った写真を示しての尋問の問題点を挙げて論じなさい。また、尋問終了後、検察官が公判調書末尾にその写真を添付するよう求めた場合、どのような問題点があるかも論じなさい（なお、いずれについても、〈被害再現見分調書〉の違法収集証拠性については論じる必要はない）。

第16問　傷害事件②

【事　例】

1　平成29年5月10日、頭部や下肢に傷害を負った状態のVが、事件相談のためL市所在のM警察署を訪れた。Vは、自らを暴力団関係者と述べたので、M警察署刑事課で暴力事件を主に担当していたN警部補において事情を聴いたところ、Vは、「この1か月ほどの間に、兄貴分の甲から何度も何度も暴行・虐待を受けた。頭を殴られたり、足にライターのオイルをかけられライターで火をつけられたりした」と述べた。Nが、直ちに病院に行き、治療と診断を受けるよう言うと、Vはそのまま病院に行き、その結果、Vは頭部や下肢に入院加療1か月間を要する傷害を負っていることが判明した。

2　Nは、Vの入院先に赴き、Vに対し、記憶をできるだけ喚起し、いつどこでどのような暴行を受けたのか特定するよう求めた。これに対し、Vは、記憶喚起と詳細な供述に努め、「あるときは頭をげんこつで殴られた。またあるときはライターで足に火をつけられた。頭を蹴られたり、顔を赤いバットで殴られたりしたこともあった」などと供述したが、どうしても思い出せない部分もあるとのことであった。

3　同月15日、Nは、甲に対し任意同行を求め、M警察署において事情を聴いたところ、甲はVに対し継続的に暴行を加えていたことを認めた。そこで、Nは、甲を「平成29年5月上旬頃、L市内又はその周辺において、Vに対し、その頭部を手拳で殴打したり、下肢に燃料をかけ点火したりするなどの暴行を加え、よって、Vに対し、入院加療1か月間を要する頭部打撲・裂創、両下肢熱傷の傷害を負わせたものである」との傷害被疑事実で逮捕し、引き続き同事実で勾留中、甲から詳細な事情を聴取することに努めた。しかし、甲もV同様、記憶にあいまいな点が多く、「Vを運転手として使っていたが、気が利かないので、いら立ちをぶつけることが何度もあった。車の中でVに暴行を加えることが多かったが、走行中だったり、停車中だったりした。いつどういう暴行を加えたかについては、はっきりしない部分もある」とのことであった。

4 担当検察官は、鋭意捜査を遂げたところ、結局、甲が反復継続してVに暴行を加え、その結果傷害を負わせた事実が認められ、包括一罪であるとの心証に至った。そのため、勾留期間の満了する日に、甲を「被告人は、かねてV（当時○年）に自己の自動車の運転等をさせていたものであるが、平成29年4月頃から同年5月上旬頃までの間、L市○○×丁目×番×号付近路上と同市□□△丁目△番△号付近路上との間を走行中の普通乗用自動車内、同所に駐車中の普通乗用自動車内及びその付近の路上等において、同人に対し、頭部を手拳で殴打し、下半身に燃料をかけた上ライターで点火して燃上させ、頭部を足蹴にし、顔面をバットで殴打する暴行を多数回にわたり繰り返し、よって、同人に入院加療約1か月間を要する頭部打撲・裂創、両下肢熱傷の傷害を負わせたものである」との訴因で起訴した。

5 公判段階において、甲の弁護人は、公訴棄却を求めるとともに、暴行事実も否認するなどと述べた。

6 第1審裁判所は、審理の結果、公訴棄却の要はないと考えたが、証拠調べをしたところ、甲の暴行によりVが熱傷を負ったことは間違いないものの、弁護人側からの被告人質問において本件当時甲が禁煙していたとの事実が明らかになったため、点火方法としてライターを用いたかどうかについては合理的疑いが残ると考えた。また、弁護人請求にかかる甲の弟に対する証人尋問の結果、Vがそれによって殴られたとしていた赤いバットは当該期間内において甲の弟が専ら野球で使用していたとの証言が得られたことなどから、顔面をバットで殴打する暴行を加えた事実についても、合理的疑いが残ると考えた。

7 そこで、第1審裁判所は、甲に対し、懲役2年の有罪判決を宣告した上、判決の罪となるべき事実において、「被告人は、かねてV（当時○年）に自己の自動車の運転等をさせていたものであるが、平成29年4月頃から同年5月上旬頃までの間、L市○○×丁目×番×号付近路上と同市□□△丁目△番△号付近路上との間を走行中の普通乗用自動車内、同所に駐車中の普通乗用自動車内及びその付近の路上等において、同人に対し、頭部を手拳で殴打し、何らかの方法で下半身に点火し、頭部を足蹴にする暴行を多数回にわたり繰り返し、よって、同人に入院加療約1か月間を要する頭部打撲・裂創、両下

肢熱傷の傷害を負わせたものである」との事実を判示した。ライターによる
点火やバットによる顔面殴打を認定しなかったことについては、判決の理由
中でこれを示した。

8　第1審判決に対し、検察官は控訴しなかったが、甲が全部無罪を主張して
控訴した。

〔設問1〕検察官の訴因について問題点を挙げて論じなさい。
〔設問2〕第1審裁判所が訴因変更手続なくして罪となるべき事実を認定した
点に問題はないか。
〔設問3〕控訴審裁判所は、甲の無罪主張には全て理由がなく、かえって、ラ
イターで点火した点及びバットを用いて顔面を殴打した点を含め、
訴因は全て認められると考えた。訴因全部につき有罪とすることが
できるか。

第17問　業務上横領事件

【事　例】

1　令和元年5月10日、M警察署のN警部補は、甲による業務上横領被害にあったとのL社からの告訴を受理した。その内容は、甲が、L社勤務中の平成28年9月から10月にかけて、L社の金員を着服したというものであり、手口は、甲が、レストラン業を営むL社で食肉の仕入れを担当していたところ、買付先の卸売業者であるK社との交渉の結果、100グラム800円の牛肉を1トン購入する契約がまとまったにもかかわらず、L社に対しては、100グラム1,000円で購入することになった旨虚偽の報告をし、買付用の金員から差額分200万円を不正に得た、というものであった。平成29年春頃、買付先卸売業者K社員Wの話を端緒としてこれらの事実が発覚し、甲の当時の上司であったAやBに対する聞き取りなど、内部調査が行われ、同年秋頃の本人に対する聞き取りでも甲は事実関係を認めたが、その後も損害の弁償が全くなされなかったことから、平成30年末、L社は甲を懲戒解雇するとともに、前記刑事告訴に及んだという経緯だった。

2　Nは、告訴受理後も、他の事件捜査に忙殺されていたことや、自身の体調がすぐれなかったことから、しばらく本件の捜査に着手できずにいたが、令和2年秋頃から少しずつ甲の口座照会や関係者W、A、Bの聴取等の捜査を進めた。その結果、甲が複数の消費者金融会社に借金を有することが判明し、また、W、A、BはいずれもL社における内部調査時と同様の勤務を継続していたところ、Nからの聴取に対しても平成29年当時と同様の供述を維持したことなどから、Nは甲の嫌疑が高まったものと判断した。そこで、甲の身辺を調査したところ、甲はL社を解雇された後も勤務当時と同じ賃貸アパートに単身で住み、日雇いの建築作業員アルバイト等をしながら生活を続けていた。なお、甲に婚姻歴や前科前歴はなかった。

3　Nは、令和3年4月10日、甲に任意出頭を求めて事情を聴いたところ、甲は、本件事実を認め、その動機も飲食費やギャンブル代に充てるためであったと述べた。そして、「現在はギャンブルを一切せずに真面目に働いてお

り、今後、少しずつでも弁償したいと思っている」などと述べたが、その後の捜査の結果、甲は現在も頻繁にパチンコ店に出入りしていることや、現在住んでいる賃貸アパートの家賃を3か月滞納しており、大家から退去を求められていることが判明した。

　Nは、甲が近く所在不明になるリスクが高いものと判断し、捜査方針を在宅送致から身柄付送致に変更して、上司であるR警部に、甲の逮捕状を請求してもらうこととした。Rからの請求に基づき、簡易裁判所裁判官が甲の逮捕状を発付し、同月18日、甲は業務上横領の被疑事実で通常逮捕された。

　同月19日、同事件が検察官に送致され、担当検察官Pが甲の勾留を請求したが、請求を受けた地方裁判所裁判官は、勾留請求を却下した。Pは、これに対し準抗告したが、裁判所はこれを棄却した。

4　Pは、甲が釈放されたことから、在宅事件として捜査を継続し、令和3年8月1日、本件について、業務上横領事件で公訴を提起した。

　公訴事実は、以下のとおりである。

　「被告人は、飲食店経営等を目的とする株式会社L社員であって、同社運営にかかる店舗で提供する食事の食材となる食肉の仕入等の業務に従事していたものであるが、平成28年9月中旬頃、L社から食肉の買付に関し交渉、契約締結、代金支払等に関する権限を付与され、同月25日、同社から買付資金として金1,000万円を預り、同月28日、卸売業者Kとの間で食肉売買契約を税込800万円で締結し、同金額を支払った残額200万円をL社のため業務上預り保管中、同年10月上旬頃、H市○○所在のL社において、上司であるA及びBに対し、1,000万円で買付を行った旨報告し、その頃、同所において、上記200万円を着服して横領したものである。」

5　第1審裁判所において、公判が開かれ、甲は公訴事実を認める旨述べたが、甲の弁護人は、本件取引期間中に甲が実際に現金を預かった事実はなく、少なくとも業務上横領罪は成立しない旨主張した。

　証拠調べにおいては、甲にL社金員の占有があったかという点を中心にA、Bの証人尋問や甲の被告人質問が行われ、その結果、A、B、甲は、いずれも甲がA及びBに対して事実と異なる価格を伝えたことは間違いないと述べる一方、食材の買付に当たっては、あらかじめ現金を出金して買付担当者

に交付する場合もあるが、その他小切手を用いたり、事後に振込や現金交付を行ったりする場合もあり、本件の取引の際にどの決済手段を用いたかにつき、時間が経過していることもあってどれとは断言できない、取引の過程で食材の質や価格が変更になり事後的に現金等での精算を行うこともある旨述べた。そこで、裁判所は、検察官に対し、「訴因について、何かお考えはありますか」と尋ねたが、検察官は、平成28年9月25日にL社口座から1,000万円の出金があった事実及び同年28日にK社口座に800万円の入金があった事実については、客観的証拠があったことから、甲が200万円を占有していた事実は明らかであるとして、「公訴事実を維持する」と答えた。

6　結審後、裁判所は、本件事実については、甲が実際に200万円を利得し飲食やギャンブルに費消した旨を述べ、L社に200万円相当の損害が生じたことは認められると考えたことなどから、背任罪、すなわち「被告人は飲食店経営等を目的とする株式会社L社員であって、同社運営にかかる店舗で提供する食事の食材となる食肉の仕入等の業務に従事し、平成28年9月中旬頃、L社から食肉の買付に関し交渉、契約締結、代金支払等に関する権限を付与されていたものであるが、卸売業者K社との間で食肉を税込800万円で入手できる見込みがあったにもかかわらず、これを秘し、自己の利益を図る目的で、その任務に背き、同月25日、L社に1,000万円を支出させるとともに、同年10月上旬頃、H市○○所在のL社において、上司であるA及びBに対し、K社から1,000万円で食肉を入手することになった旨虚偽の報告をして、よってL社に同差額である200万円の損害を与えたものである」との事実であれば有罪判決が可能と考えたが、業務上横領罪については甲の占有に関し合理的疑いが残ると考え、判決において無罪を宣告した。

7　これに対し、検察官が、控訴を申し立てた。

〔設問1〕甲の勾留をめぐり、以下の各点につき、法的根拠及び本件で考えられる具体的事実を示しつつ論じなさい。
　　①　検察官Pが勾留請求した理由について
　　②　勾留請求却下及び準抗告棄却がなされた理由について
〔設問2〕第1審裁判所の判決に対し、検察官が控訴を申し立てた理由として考えられるところとその妥当性を論じなさい。

第18問 現住建造物等放火事件

【事 例】

1 令和3年5月初旬から中旬にかけて、M警察署管内で、連続不審火が発生した。手口は、夜間、住宅の庭先や玄関先に置いてあるごみや自転車に着火するというもので、ほとんどが家屋に燃え移る前に発見され消火されたが、同年5月28日午前1時頃、V方が放火され、家屋の大半が焼損するとともに、一人暮らしで寝ていたVが全身にやけどを負う重傷を負った。

そこで、M警察署は、周辺の防犯ビデオの解析を進めるとともに、夜間の職務質問を強化し、不審者を徹底的に洗い出しつつ、同種事案発生を防ぐという方針を立てた。

2 同月31日午前零時頃、O巡査部長らが制服を着用して管内をパトロール中、Oらの姿を認めて急に視線を逸らし、足早に付近のコンビニエンスストアに入ろうとする男性を発見したことから、店の前でこれを呼び止め、職務質問を開始した。

男性は、Oからの問いかけに対し、「散歩をしていただけだ。喉が渇いたので、飲み物を買おうと思った」「悪いことは何もしていない」などと述べた。しかし、顔色が青白く、頬がこけるなど、薬物中毒者の可能性があったため、男性に対し、身分証の提示を求めたところ、男性は財布から運転免許証を取り出して示した。記載されていた「甲」という名前や生年月日に基づき無線を通じて照会したところ、甲には覚醒剤取締法違反の前科2犯があることが判明した。そこで、Oらは、甲に対し、M警察署まで同行を求めるとともに、任意採尿に応じるよう促したところ、甲は、これを拒否した。そのため、Oらは、M警察署に応援派遣を要請するとともに、甲に対する説得を継続した。甲はその間、コンビニエンスストアに入って飲み物を購入し、Oらは店の前で待ち、店外に出て飲み物を飲むなどしていた甲に対して、引き続き説得を行っていた。

3 同日午前零時30分頃、応援のN警部補らが前記コンビニエンスストア前に到着し、O及びNらは、引き続き甲に任意同行と任意採尿に協力するよ

う求めた。しかし、甲はこれに応じず、立ち去ろうとしたため、Nは、強制採尿のための捜索差押許可状の発付を求めることとし、その旨を甲に告げた。甲は、それを聞き、その場に座り込み、携帯電話でどこかに連絡を取ったり、煙草を吸ったりするなどした。Oらは、数名でこれを監視する体制を続けた。

4　同日午前1時30分頃、令状請求準備を終えたM警察署員が裁判官のところに向かい、同日午前3時頃、捜索差押許可状が発付された。同日午前3時30分頃、職務質問現場であったコンビニエンスストア前に令状が到着したことから、Nは座り込んでいた甲にこれを示したところ、甲は観念した様子で、「分かった。痛いのは嫌だから、自分で出す」と述べ、令状記載病院への同行に応じ、自ら尿を提出した。Nらは、尿を鑑定に回し、甲をいったん帰宅させた。

5　しかし、鑑定の結果、甲が提出した尿から、覚醒剤成分は顕出されなかった。他方、甲が帰宅して数時間後の明け方、またも同種手口による不審火が発生し、更なる捜査の結果、前記5月28日の現住建造物等放火事件が発生したV方近くのマンション入り口に設置された防犯カメラに、火災発生時刻の直前と直後、甲と酷似する人物がV方方向に歩く姿と、V方方向から走ってくる姿の画像がそれぞれ映っていたこと、甲が利用していたSNS（ソーシャル・ネットワーク・サービス）に、不審火に関する内容の投稿が多数されており、その中には至近距離からV方を撮影したものと思われる煙や炎の写真も含まれていたことなどから、甲は、同年6月3日、V方に対する現住建造物等放火の容疑で通常逮捕された。

6　甲は、捜査段階を通じて犯行を否認したが、担当検察官Pは、同月24日、甲をV方に対する現住建造物等放火罪で公判請求した（なお、Vに対する傷害罪や過失傷害罪は起訴の対象とはなっていない）。事件は公判前整理手続に付され、同手続において、甲の弁護人Bは、「犯人性すなわち甲による犯行であることを争う」旨述べた。ただ、争う具体的根拠について問われると、「明らかにする義務はない」と答え、被告人・弁護人側からの積極的な立証の有無について聞かれたのに対しては、「現時点で明らかにはできない。被告人質問において明らかにする」と述べた。

7　裁判所は、複数回の公判前整理手続期日において、Bに対し、より具体的

な主張内容を明示するよう求めたが、Bは、「憲法上保障された黙秘権があるのだから、応じる必要はない」と述べた。裁判所は、やむなく、検察官の立証計画に基づきつつ、被告人質問の時間を少し長めに設定するとともに、評議の時間にも余裕を持たせるなどして審理計画を策定し、公判前整理手続を終了した。

8 　裁判員裁判による公判が開かれ、審理計画に沿った立証がそれぞれ行われたが、被告人質問の段階になると、Bからの主質問に対し、甲は、「犯行日とされた5月28日には、アリバイがあります。その日は、別の場所で、知人であるWと一緒に酒を飲んでいました」と供述し始めた。これに対し、Pは「Wの名前はこれまで一度も明らかにされてこなかった。公判前整理手続で述べられていない新たな主張である」と異議を述べ、裁判所は、Bに対し、証人尋問の予定が入れられていないWと別の場所にいたという立証のため具体的質問をするのであれば、それを制限すると告げた。

9 　結局、Bは、甲にアリバイがあったという事実の概要のみを確認して被告人質問を終え、甲は、最終陳述において、前記同様に、「5月28日は、別の場所でWと一緒にいたので、私は犯人ではありません」と述べた。これに対し、Pが異議を述べたり裁判所が制限をすることはなかった。

10 　裁判所は、事前の計画通り審理を終え、評議の結果、Vが重傷を負った事実も量刑上考慮しつつ、甲に対し現住建造物等放火罪で有罪判決を言い渡した。

〔設問1〕甲に対する職務質問における問題点を挙げて論じなさい。
〔設問2〕公判前整理手続における主張明示に関し、以下の点を論じなさい。
　　　　　① 　公判前整理手続におけるBの主張の妥当性を論じなさい。
　　　　　② 　公判段階で、裁判所が被告人質問を制限したことの当否を論じなさい。
〔設問3〕裁判所が、Vが重傷を負った事実を量刑上考慮したことについて、問題となり得る点を指摘しつつ論じなさい。

Part 2　解説編

第 1 問

【問題点】

1　尾行による行動確認
2　ごみの領置
3　任意同行・任意取調べ
4　自白法則
5　伝聞法則・伝聞例外（自白を内容とする被告人供述調書の証拠能力）

〔設問1〕

1　尾行による行動確認

　M警察署のNらは、平成28年4月4日朝から、甲に対する尾行による行動確認を行っている。甲のプライバシー（自己の所在地等に関する情報をコントロールする権利）を害するものとして違法ではないか。

　刑訴法上、尾行（行動確認）についての明文規定はない。そこで、197条1項但書で法の定めが要求される「強制の処分」の意義が問題となる。

　最決昭51・3・16刑集30・2・187は、「捜査において強制手段を用いることは、法律の根拠規定がある場合に限り許容されるものである。しかしながら、ここにいう強制手段とは、有形力の行使を伴う手段を意味するものではなく、個人の意思を制圧し、身体、住居、財産等に制約を加えて強制的に捜査目的を実現する行為など、特別の根拠規定がなければ許容することが相当でない手段を意味するものであつて、右の程度に至らない有形力の行使は、任意捜査においても許容される場合があるといわなければならない。ただ、強制手段にあたらない有形力の行使であつても、何らかの法益を侵害し又は侵害するおそれがあるのであるから、状況のいかんを問わず常に許容されるものと解するのは相当でなく、必要性、緊急性なども考慮したうえ、具体的状況のもとで相当と認められる限度において許容されるものと解すべきである」と述べ、強制処分に当たるかどうかについて、①意思制圧、及び②身体、住居、財産等に対する制

約の有無により判断する旨を明らかにしているが、この点、①相手方の明示又は黙示の意思に反し、②重要な権利・利益に対する実質的な侵害ないし制約を伴う処分も強制処分に当たるというのが現在の通説的見解である（井上正仁「強制捜査と任意捜査の区別」争点 54 頁、大澤裕・百選 4 頁等）。最大判平 29・3・15 刑集 71・3・13 も、①「個人の意思を制圧して」とは「合理的に推認される個人の意思に反して」の意であり、②私的領域に侵入されることのない権利も身体、住居、財産等と同列に解されるとの立場に立つことを示した。結局のところ、強制処分法定主義による立法府を通じた民主主義的コントロール（及び法定された場合に規定されている令状主義等、厳格な手続によるコントロール）をいかなる範囲で及ぼすべきかという問題である。

　本件で行われた尾行による行動確認については、外出時のものであり、住居内に立ち入ったり、GPS 装置を用いたりしたなどの事情は認められず、通常の住居外における行動確認捜査と解されるところ、相手方に知らせず行っていることから意思制圧はないが、通常、相手方の意思には反するであろう。しかし、屋外では不特定多数の他人からその所在と行動を視認され得る状況にある以上、自己の所在地情報をコントロールする権利は一定の制約を受けざるを得ない。したがって、仮に相手方の意思に反していたとしても、重要な権利利益の制約にまでは至っておらず、強制処分には当たらないものと解される。その上で、任意処分としての限界内にあるか、前記昭和 51 年最決に従い、必要性（・緊急性）・相当性について判断すると、強盗殺人事件という重大事件が発生し、犯人が未検挙というのであるから、周辺住民を不安に陥れ、早急な犯人の検挙が求められているところ、甲については、V との間で借金をめぐるやりとりが判明しており、事件への関与の有無につき明らかにする必要があり、前記のとおり外出時すなわち住居外においてその行動を確認することは、その見地から有用かつ相当な手段といえよう。その確認方法に関し、本件では、数日間にわたっているものと思われるが、私的領域に侵入したといえるような特殊な手段を用いたり、極めて長期間・長時間に及んだりしたなど特段の事情のない限り、適法としてよいのではないかと思われる（その意味では、本問題点の重要性はさほど高くないとの考えもあろう）。

2　ごみの領置

　Ｎらは、甲に対する行動確認捜査の過程で、甲のアパートから 20 m ほど離れた公道の電柱脇に設けられたごみ集積場に甲が出したごみ袋を M 警察署に持ち帰り、中身の確認を行い、中から、血痕の付着した軍手や衣服を発見したことから、これを領置している。ごみである以上、財産権侵害は観念しにくいが、甲のプライバシー（排出したごみの中身を見られない期待権ないしごみにまつわる個人情報を管理する権利）を侵害するものではないか。

　221 条は、捜査機関に「被疑者その他の者が遺留した物」又は任意提出物について領置することを認めているところ、本件ごみもこれに含めてよいか。

　最決平 20・4・15 刑集 62・5・1398 は、「ダウンベスト等の領置手続についてみると、被告人及びその妻は、これらを入れたごみ袋を不要物として公道上のごみ集積所に排出し、その占有を放棄していたものであって、排出されたごみについては、通常、そのまま収集されて他人にその内容が見られることはないという期待があるとしても、捜査の必要がある場合には、刑訴法 221 条により、これを遺留物として領置することができるというべきである」と判示しており、公道上のごみ集積所に排出されたごみについては 221 条の遺留物に当たるとしている。この遺留物とは、犯人が犯行現場に遺留した物に限らず、所有者等が占有を放棄した物全般を含むと解するのが通説である（リーガルクエスト 147 頁等）。領置には令状が不要であるが、このような物に関しては差押許可状を要求するほどの重要な権利侵害はないとの考えであろう。

　本件でも、Ｎらが持ち帰り領置したごみは公道の電柱脇に設けられたごみ集積場に甲自ら出したものである一方、強盗殺人事件への甲の関与の有無を解明するとの捜査上の必要性・相当性も認められるから、221 条の遺留物に当たると考えられる（これに対し、マンション内部等に設置されたごみ集積場等については、別途マンション管理権者の管理権等も考慮すべきであろう）。

3　任意同行・任意取調べ

　Ｎらは、平成 28 年 4 月 12 日朝、甲に任意同行を求め、M 警察署到着後直ちに甲を取調室に案内して任意取調べを開始し、その取調べは、宿泊を伴い、

翌13日の午後まで継続し、その間、甲は自白している。これら任意同行・任意取調べは、「任意」と言いつつ、もはや任意捜査としての限界を超え、違法なのではないかが問題となる。

任意同行には、行政警察活動としての任意同行（警察官職務執行法2条2項に基づく職務質問のためのもの）と、捜査ないし司法警察活動としての任意同行（取調べのためのもの）とがある。後者については、明文規定はないが、198条1項本文は、捜査機関に対し、捜査上必要があるときは、被疑者の出頭を求め、これを取り調べることができるとしており、同行は出頭を求める一態様といえることから、取調べのための任意同行は同条同項によって許容されているものと解される。実質的にも、強制捜査である逮捕をなるべく抑制する趣旨から、その前段階としての任意同行は適法と解されている。もっとも、任意同行も任意処分であるから、強制にわたることがあってはならない。

最決昭59・2・29刑集38・3・479は、「まず、被告人に対する当初の任意同行については、捜査の進展状況からみて被告人に対する容疑が強まっており、事案の性質、重大性等にもかんがみると、その段階で直接被告人から事情を聴き弁解を徴する必要性があつたことは明らかであり、任意同行の手段・方法等の点において相当性を欠くところがあつたものとは認め難く、また、右任意同行に引き続くその後の被告人に対する取調べ自体については、その際に暴行、脅迫等被告人の供述の任意性に影響を及ぼすべき事跡があつたものとは認め難い」とし、必要性と相当性を検討している。

さらに、任意同行後の宿泊を伴う取調べの適法性についても、上記昭和59年最決が、「昭和52年6月7日に被告人を高輪警察署に任意同行して以降同月11日に至る間の被告人に対する取調べは、刑訴法198条に基づき、任意捜査としてなされたものと認められるところ、任意捜査においては、強制手段、すなわち、『個人の意思を制圧し、身体、住居、財産等に制約を加えて強制的に捜査目的を実現する行為など、特別の根拠規定がなければ許容することが相当でない手段』……を用いることが許されないことはいうまでもないが、任意捜査の一環としての被疑者に対する取調べは、右のような強制手段によることができないというだけでなく、さらに、事案の性質、被疑者に対する容疑の程度、被疑者の態度等諸般の事情を勘案して、社会通念上相当と認められる方法ない

し態様及び限度において、許容されるものと解すべきである」として、最決昭51・3・16刑集30・2・187で示された考え方が、任意同行後の取調べにも及ぶことを明らかにしている。すなわち、任意取調べは、①実質的な逮捕にあたる強制手段を用いておらず、②任意捜査として、社会通念上相当と認められる範囲で行われなければならないものとされる（ただし、「社会通念上相当」の解釈に当たり、比例原則がそのまま適用できるかについては、取調べの必要性と対比する反対利益を考えることができるかにより、若干の見解対立がある〔宇藤崇「被疑者の取調べ」争点64頁等〕）。

　本件において、まず任意同行に関しては、甲自ら捜査用車両後部座席に乗り込んでおり、捜査員が甲の両側から挟むような形で着席しているものの、事故防止措置として合理性はあり、意思に反して重要な権利を侵害したとまでは言えず、強制処分には至っていない。また、甲が排出したごみから血痕が検出され、Ｖと同一のDNA型であったことが判明しており、甲から事情を聴く必要性は高く、同行方法は相当な範囲内と言えよう。次に、任意取調べに関しては、甲が遠方に居住しているという事実はなく、ビジネスホテルでは警察官が同じフロアで監視し、ホテルへの送迎を警察官が行い、宿泊費用も警察が支払ったという事実関係や、取調べが長時間に及んだという事情から、強制処分に至っているとの評価も不可能ではないが、強制処分性を認めなかった前記昭和59年最決より高度の事情もなく、判例の立場からは強制処分性が否定されよう。その上で、任意取調べとして必要性・相当性の範囲内にあるかどうかについては、強盗殺人という重大事犯につき、DNA型鑑定結果等から甲の関与の疑いが強まっており、甲から速やかに詳細な事情や弁解を聴取する必要があったこと、実際、初日夜から供述態度が変化し、宿泊についても甲から申し出たこと、2日目の朝には被告人が強盗殺人事件への関与を認め、その後も甲が取調べを拒否したり、帰宅を申し出たりすることはなかった等の事情から任意取調べとして違法とまでは断じ難いということになろう（判例の立場）。

〔設問2〕

4 自白法則

P請求にかかる被告人甲の司法警察員面前調書及び検察官面前調書は、自白を内容とするものである。そこで、証拠能力が認められるためには、「強制、拷問又は脅迫による自白、不当に長く抑留又は拘禁された後の自白その他任意にされたものでない疑のある自白」でないことが必要である（319条1項。自白法則）。

自白法則の趣旨については、①虚偽排除説、②人権擁護説、③違法排除説などが主張されているところ、真実の自白であっても証拠排除すべき場合があるとの観点から、①虚偽排除と②人権擁護の双方の観点から証拠排除の要否を検討すべきとの立場が比較的多数説であろう（任意性説ないし折衷説・併用説。ただし、「人権」の内容につき、黙秘権〔供述の自由〕に限定するかどうかにつき異なる見解あり）（リーガルクエスト436頁等）。違法排除説については、違法収集証拠排除法則を自白についても用いることができるというメリットがある反面、319条の「任意」との文言との整合性に疑問がある、あるいは特に約束自白（取調官が利益供与を約束して得られた自白）等の場合に排除の根拠をどのように説明するか困難であるなどと言われている（約束自体が直ちに違法と言えないような場合）。他方、任意性説に立つ場合も、自白に違法収集証拠排除法則が適用されるか、適用される場合は自白法則との先後関係はどうか等についてよく考えておく必要があろう。

本件では、弁護人が任意性を争うとの主張をしているのに対し、検察官が取調状況を録音・録画した記録媒体（DVD）を証拠開示・請求しており、その詳細な内容は定かでないが、検察官の主張による限り、記録媒体を併せ証拠採用すれば任意性の有無は明らかになるものと推測される。一般的には、弁護人において、任意性を争う更なる具体的根拠を示しておらず、甲も被告人質問において「仮にVを殺したと述べているとすれば、それは適当に話を合わせただけだ」と述べるにとどまり、それ以上の具体的主張をしていないことから甲の弁解は不合理と思われること、供述調書に甲の署名指印が存在することなどは、任意性を肯定する方向に働く事情である。

5 伝聞法則・伝聞例外（自白を内容とする被告人供述調書の証拠能力）

次に、被告人の供述調書は、司法警察員又は検察官が被告人が捜査段階において供述した内容を聞き取り録取したものであり、供述証拠に該当する。

320条1項は、「第321条乃至第328条に規定する場合を除いては、公判期日における供述に代えて書面を証拠とし、又は公判期日外における他の者の供述を内容とする供述を証拠とすることはできない」として伝聞法則を規定したとされ、まずは伝聞証拠の定義が問題となる。かつては、反対尋問を経ていないという点に重点を置いて解する説も有力であったが、現在は、上記320条1項の文言から、伝聞証拠を①公判廷外の供述を内容とする証拠で、②供述内容の真実性を立証するためのもの、と理解する立場が通説であろう。伝聞証拠を排斥する理由は、刑訴法が用意する供述の信用性テスト手段たる①真実を述べる旨の宣誓と偽証罪による処罰の予告、②不利益を受ける相手方当事者による反対尋問、③裁判所による供述態度の観察、の3つを経ておらず、原供述の真実性の確認ができないためであるとされる。供述証拠は、知覚・記憶・表現・叙述というプロセスを経ており、それぞれの段階において誤りが生じやすいため、信用性テストを経ていない供述による事実認定は裁判所にとって危険であり、「不確かな推認」「弱い程度の推認」を許さないことが伝聞法則の意図するところである。そのため、最判昭30・12・9刑集9・13・2699も、「同証言が右要証事実（犯行自体の間接事実たる動機の認定）との関係において伝聞証拠であることは明らかである」などとするとおり、伝聞法則が適用されるのは、要証事実（立証事項）との関係で供述内容の真実性が問題となる場合に限られる（リーガルクエスト377頁、堀江慎司「伝聞証拠の意義」争点166頁、古江320頁等）。被告人の供述調書についても（前記①宣誓・偽証罪の点は妥当しないものの）前記各プロセスを経ることによる誤判のおそれがある以上、伝聞法則が妥当する。

(1) 322条に基づく請求

本件でまず考えられるのは、要証事実を「被告人が被害者を殺害し財物を強取したこと」などととらえる方法である。最もオーソドックスな自白を内容とする供述調書の利用方法といってよいであろう。この場合、まさに自白内容の真実性に関わるから、伝聞法則の適用があり、証拠能力が認められるためには、

伝聞例外に該当しなければならない。そして、被告人の供述調書については、322条1項が適用され、自白等不利益な事実の承認を内容とする場合、319条の規定に準じて任意性に疑いがないことも必要である。そのため、Pとしては、録画記録媒体（DVD）の証拠採用も併せて求めていくこととなろう（ただし、前記4のとおり、任意性を肯定する事情も複数存在するので、録画記録媒体を採用するまでもないとの裁判所の判断もあり得よう）。

(2) 非供述証拠としての請求

次に考えられるのは、要証事実をもっぱら「甲の供述経過」のみととらえる方法である。この場合、甲の捜査段階における供述内容の真実性は問題とならないから、甲の供述調書は伝聞証拠に当たらないこととなり、調書の文面上明らかな関連性のみをもって証拠採用が可能である（東京地判平16・5・28判時1873・3等）。Pの立場として、他の証拠（DNA鑑定書等）により甲の犯人性その他の公訴事実の核心部分が立証できると判断できる場合は、この方法によることになろう。裁判所に対し、甲の公判供述の信用性に関する判断資料を提供すれば足りるとの考えである。

(3) 328条に基づく請求

もう1つ考えられるのは、甲の公判廷における供述すなわち被告人質問の内容を弾劾するための証拠とする方法である。328条の適用範囲については、供述主体や形式につき非限定説もあったが、最判平18・11・7刑集60・9・561が「刑訴法328条により許容される証拠は、信用性を争う供述をした者のそれと矛盾する内容の供述が、同人の供述書、供述を録取した書面（刑訴法が定める要件を満たすものに限る。）、同人の供述を聞いたとする者の公判期日の供述又はこれらと同視し得る証拠の中に現れている部分に限られるというべきである」と述べて限定説に立つことを明らかにしたところである。本件は、甲の捜査段階における供述は、被告人質問において供述した甲自身の自己矛盾供述に該当し、供述調書という形式で録取されていることにより、形式面も満たすから、判例の立場によっても328条の証拠となし得るであろう（もっとも、(2)の場合も同様であるが、そもそも自白に任意性がない場合は319条により証拠とすることができないから、任意性が認められることが前提である）。

第 2 問

```
【問題点】
1  職務質問・所持品検査
2  任意同行
3  強制採尿・強制連行
4  訴因の明示・特定
5  訴因の補正
```

〔設問 1〕

1 職務質問・所持品検査

　MとNは、甲を呼び止め、ウインドブレーカーのポケットから使用済みの注射器を発見している。この間、令状は介在しておらず、パトロール中に不審者を発見しての手続であるから、職務質問（及びそれに附随する手続）と解され、その限界内かが問題となる。

　警察官職務執行法（以下、「警職法」という）は、2条1項において、「警察官は、異常な挙動その他周囲の事情から合理的に判断して何らかの犯罪を犯し、若しくは犯そうとしていると疑うに足りる相当な理由のある者又は既に行われた犯罪について、若しくは犯罪が行われようとしていることについて知っていると認められる者を停止させて質問することができる」と規定する一方、所持品検査についての規定を置いていない。そのため、職務質問の際に行う所持品検査の法的根拠についての見解には、警職法2条1項を根拠とするもののほか、警察法2条を根拠とするものもあるが、いずれにしても、職務質問の際の所持品検査は、行政警察上の目的を達成するため、相手方の明示又は黙示の承諾を前提として行う任意の警察活動であって、犯罪の捜査を直接の目的とする司法警察上の作用ではないことに留意を要する。

　次に、態様別に見ると、所持品検査には、(1)所持品を外部から観察する（「外から見る」）、(2)所持品について質問する（「尋ねる」）、(3)所持品の任意の呈

示を求め、呈示された所持品を検査する（「任意に呈示してもらう」）、⑷衣服あるいは携行品を外部から触れて検査する（「外から触る」）、⑸衣服あるいは携行品から所持品を取り出し検査する（「取り出す」）という各段階がある。このうち⑴～⑶は任意的な行為として許されることに問題はない。問題となるのは相手方の承諾なしに⑷・⑸の方法（衣服の上から触れる方法・取り出す方法）による所持品検査が許容される場合はないかという点である。この点については、大別して次の２つの見解がある。①相手方が凶器（又は危険物）を所持している疑いのある場合に限って、⑷の方法すなわち相手方の衣服あるいは直接支配下の所持品につき外側からの触手の方法による検査のみを許容する見解（酒巻47頁）と、②（①の場合に限定せず）所持品検査の必要性、緊急性を考慮しながら、具体的状況のもとで法的、社会的に相当と認められる限度において、⑷ないし⑸の方法の所持品検査が許容されるという見解である。この②の見解は、所持品検査の許容限度の問題も、結局は所持品検査という警察権行使の正当性の限界いかんの問題であるから、一般の正当性の判断基準に従い、所持品検査の目的、それがなされた際の客観的状況、実力行使の方法及び限度を、それによって侵害される市民の自由と衡量し、いわゆる「警察比例の原則」の範囲内において、その正当性が肯認できるかどうかによって決めるべきであるというのである。

最判昭53・6・20刑集32・4・670は、「警職法は、その２条１項において同項所定の者を停止させて質問することができると規定するのみで、所持品の検査については明文の規定を設けていないが、所持品の検査は、口頭による質問と密接に関連し、かつ、職務質問の効果をあげるうえで必要性、有効性の認められる行為であるから、同条項による職務質問に附随してこれを行うことができる場合があると解するのが、相当である。所持品検査は、任意手段である職務質問の附随行為として許容されるのであるから、所持人の承諾を得て、その限度においてこれを行うのが原則であることはいうまでもない。しかしながら、職務質問ないし所持品検査は、犯罪の予防、鎮圧等を目的とする行政警察上の作用であつて、流動する各般の警察事象に対応して迅速適正にこれを処理すべき行政警察の責務にかんがみるときは、所持人の承諾のない限り所持品検査は一切許容されないと解するのは相当でなく、捜索に至らない程度の行為は、強

制にわたらない限り、所持品検査においても許容される場合があると解すべきである。もつとも、所持品検査には種々の態様のものがあるので、その許容限度を一般的に定めることは困難であるが、所持品について捜索及び押収を受けることのない権利は憲法35条の保障するところであり、捜索に至らない程度の行為であつてもこれを受ける者の権利を害するものであるから、状況のいかんを問わず常にかかる行為が許容されるものと解すべきでないことはもちろんであつて、かかる行為は、限定的な場合において、所持品検査の必要性、緊急性、これによつて害される個人の法益と保護されるべき公共の利益との権衡などを考慮し、具体的状況のもとで相当と認められる限度においてのみ、許容されるものと解すべきである」として、前記②の見解に立つものと思われる。

　本件では、まず、職務質問が適法になされたものか検討するに、甲は制服姿の警察官を見た途端に進む向きを変え立ち去ろうとしたこと、薬物使用者にありがちな動作を示していたこと等から何らかの犯罪（特に薬物犯罪）に関わっている疑いが認められ、警職法2条1項の要件を満たす。

　次に、所持品検査が限界内のものであるか検討するに、甲の明示の承諾がないにもかかわらず行われている部分については、ウインドブレーカーの上からポケット部分を触った行為と、甲から渡された茶封筒を開けた行為が問題となろう。このうち、ポケット部分を触った行為は所持品に対するプライバシー侵害の程度が低く、行為態様としても「捜索」には至っていないから、強制処分には至っていない。そして、甲はポケットの中には何も入っていないと言うにもかかわらず、それに先立ってポケットに視線を送っていたこと、同ポケットは内容物で盛り上がった様子があり、中に何かが入っていることが明らかな様子であったことから、ポケット内確認の必要性と外から触れることについて相当性が認められる（凶器所持の有無について確認する必要も認められよう）。他方、茶封筒を開けた行為については、「捜索」に該当し令状なしでは許されないとの解釈もあり得ないではないが、「中身を見ますよ」と言ったのに対して甲は黙っていたことから、黙示の承諾はあったとの解釈も可能であるし、茶封筒を委ねた以上、甲のプライバシー保護の必要性は著しく低下しており、いずれにしても強制処分性を欠くと解される。上記ポケット内確認の必要性に加え、何も入っていないと答えたにもかかわらず茶封筒が出てきた経緯からしても、茶

封筒の中身について確認する必要性が認められ、甲が渡してきた封筒を開ける行為は相当であろう。

2 任意同行

　職務質問に伴う任意同行の限界が問題となる。

　警職法2条2項は、「その場で前項の質問をすることが本人に対して不利であり、又は交通の妨害になると認められる場合においては、質問するため、その者に附近の警察署、派出所又は駐在所に同行することを求めることができる」とする一方、同条3項は、「前二項に規定する者は、刑事訴訟に関する法律の規定によらない限り、身柄を拘束され、又はその意に反して警察署、派出所若しくは駐在所に連行され、若しくは答弁を強要されることはない」として、職務質問に伴い任意同行が許される場合とその限界を規定している。これらは、同行の場面においても、行政警察活動として強制処分に至ってはならないこと及び警察比例原則に従うべきことを規定していると解されている（酒巻41頁）。

　本件では、M及びNにおいて、甲に対し、無線で応援警察官を呼びながら「ちょっとL警察署へ来てもらえませんか」と告げており、合計4人の警察官で甲を警察車両の後部座席中央に座らせ、約10分間、約1.5 km離れたL警察署に同行した事実があるが、甲は「分かった」と答えており、意思に反したものとは認めがたい。また、強制採尿令状が出て、Q病院に連行するまでの約3ないし4時間、L警察署に留め置いているが、甲は帰る様子は示していない。他方、甲が使用済みの注射器をポケット内に所持していたこと、覚醒剤取締法違反の前科を有することから、尿の任意提出を求める必要性が認められ、路上では困難なため、実施場所として相当な最寄りの警察署まで、4人で警察車両に乗せ両側から挟む形で同行するとの態様も、危険防止等の観点から相当性が認められよう。その後の留め置きについても、尿の任意提出の求めに対し、甲が拒否したことから、令状を得るまでに時間を要したためであり、請求準備から令状発付までも不当に長時間をかけたものとは認められないから、通常、相当と言えよう。

　なお、甲の所持品から使用済み注射器が発見されたこと及び甲の覚醒剤取締法違反前科が判明したことから、司法警察活動に移行した後、任意同行したも

のと考えるのであれば、刑訴法上の任意同行の問題となる。これについては、**第1問3**を参照。

3 強制採尿・強制連行

　強制採尿とは、強制的に尿を採取することであり、具体的には、カテーテルと呼ばれるゴム製の導尿管を尿道に挿入して実施する。根拠条文としては、218条1項（「犯罪の捜査をするについて必要があるときは、裁判官の発する令状により、差押え、記録命令付差押え、捜索又は検証をすることができる。この場合において、身体の検査は、身体検査令状によらなければならない」）が考えられるが、直接的に規定したものではないため、強制処分法定主義の見地から、およそなし得ない処分なのではないか、という点がまず問題となる。この点、人間の尊厳を侵害する処分に該当するとして全面否定説もあるが、最決昭55・10・23刑集34・5・300は、「尿を任意に提出しない被疑者に対し、強制力を用いてその身体から尿を採取することは、身体に対する侵入行為であるとともに屈辱感等の精神的打撃を与える行為であるが、右採尿につき通常用いられるカテーテルを尿道に挿入して尿を採取する方法は、被採取者に対しある程度の肉体的不快感ないし抵抗感を与えるとはいえ、医師等これに習熟した技能者によつて適切に行われる限り、身体上ないし健康上格別の障害をもたらす危険性は比較的乏しく、仮に障害を起こすことがあつても軽微なものにすぎないと考えられるし、また、右強制採尿が被疑者に与える屈辱感等の精神的打撃は、検証の方法としての身体検査においても同程度の場合がありうるのであるから、被疑者に対する右のような方法による強制採尿が捜査手続上の強制処分として絶対に許されないとすべき理由はなく、被疑事件の重大性、嫌疑の存在、当該証拠の重要性とその取得の必要性、適当な代替手段の不存在等の事情に照らし、犯罪の捜査上真にやむをえないと認められる場合には、最終的手段として、適切な法律上の手続を経てこれを行うことも許されてしかるべきであり、ただ、その実施にあたつては、被疑者の身体の安全とその人格の保護のため十分な配慮が施されるべきものと解するのが相当である」として、許容する立場に立つ。もっとも、強制処分でありながら、なお、必要性・相当性すなわち被疑事件の重大性、嫌疑の存在、証拠としての重要性、その取得の必要性、適当な代替手段の不存在など

を要求している点には留意を要する。そして、どのような手続によれば相当性が認められるかについて、同判例は、「体内に存在する尿を犯罪の証拠物として強制的に採取する行為は捜索・差押の性質を有するものとみるべきであるから、捜査機関がこれを実施するには捜索差押令状を必要とすると解すべきである。ただし、右行為は人権の侵害にわたるおそれがある点では、一般の捜索・差押と異なり、検証の方法としての身体検査と共通の性質を有しているので、身体検査令状に関する刑訴法218条5項〔現在の6項〕が右捜索差押令状に準用されるべきであつて、令状の記載要件として、強制採尿は医師をして医学的に相当と認められる方法により行わせなければならない旨の条件の記載が不可欠であると解さなければならない」として、条件付捜索差押許可状によるべきとの立場を明らかにしている。したがって、学説上は、身体検査令状説、鑑定処分許可状説やそれらの併用説もあるが、実務上は上記判例による運用が定着している。

　では、強制採尿令状すなわち条件付捜索差押許可状が発付されたとして、被疑者の強制連行（移動）まで許されるであろうか。この点、111条の「必要な処分」として許容されるとする立場もある（東京高判平2・8・29判時1374・136）が、最決平6・9・16刑集48・6・420は、「身柄を拘束されていない被疑者を採尿場所へ任意に同行することが事実上不可能であると認められる場合には、強制採尿令状の効力として、採尿に適する最寄りの場所まで被疑者を連行することができ、その際、必要最小限度の有形力を行使することができるものと解するのが相当である。けだし、そのように解しないと、強制採尿令状の目的を達することができないだけでなく、このような場合に右令状を発付する裁判官は、連行の当否を含めて審査し、右令状を発付したものとみられるからである。その場合、右令状に、被疑者を採尿に適する最寄りの場所まで連行することを許可する旨を記載することができることはもとより、被疑者の所在場所が特定しているため、そこから最も近い特定の採尿場所を指定して、そこまで連行することを許可する旨を記載することができることも、明らかである」として、条件付捜索差押許可状の効力として連行までなし得るとの立場に立つものと思われる。

　本件においても、裁判官から発付された令状の種別は記載されていないが、

条件付捜索差押許可状が発付されたものと思われる。必要性・相当性すなわち被疑事件の重大性、嫌疑の存在、証拠としての重要性、その取得の必要性、適当な代替手段の不存在などについて見るに、10年以下の懲役刑が定められている覚醒剤自己使用事件について、薬物使用者特有の動作、使用済み注射器の所持、同種前科、尿の任意提出拒否等から嫌疑が存在し、尿は覚醒剤使用の有無につき判定する最も一般的で重要な方法で、任意提出を求めることにより容易に入手できる一方、拒否された場合には他に入手する適当な方法もないことから、強制採尿の必要性・相当性が認められる。そして、夜間でも医師が当直勤務する最寄りの病院であるQ病院へ連行したことについても、裁判官の審査が及んでいたというべきであり、令状の効力に基づくものとして適法である（なお、最終的には甲自ら容器に尿を入れて提出しているが、このような場合でも、令状発付を得た以上、令状に基づき差し押さえることが通常である）。

〔設問2〕

4　訴因の明示・特定

　検察官の記載した訴因は、「被告人は、法定の除外事由がないのに、平成28年5月下旬頃から同年6月7日までの間、K県内又はその周辺において、覚醒剤若干量を自己の身体に摂取し、もって覚醒剤を使用したものである」というものである。256条3項に照らし、上記日時・場所・方法に幅のある記載が許されるであろうか。

　審判の対象については、旧刑訴法で用いられていた「公訴事実」との文言が現行法でも残されたため、前法律的・社会的な基本的事実であると考える公訴事実対象説もかつて唱えられたが、現行法を貫く当事者主義の趣旨から、訴因対象説が相当である。

　訴因対象説を前提に、訴因の機能をどう考えるべきかについては、最大判昭37・11・28刑集16・11・1633（白山丸事件）が、「刑訴256条3項において、公訴事実は訴因を明示してこれを記載しなければならない、訴因を明示するには、できる限り日時、場所及び方法を以て罪となるべき事実を特定してこれをしなければならないと規定する所以のものは、裁判所に対し審判の対象を限定

するとともに、被告人に対し防禦の範囲を示すことを目的とするものと解されるところ、犯罪の日時、場所及び方法は、これら事項が、犯罪を構成する要素になつている場合を除き、本来は、罪となるべき事実そのものではなく、ただ訴因を特定する一手段として、できる限り具体的に表示すべきことを要請されているのであるから、犯罪の種類、性質等の如何により、これを詳らかにすることができない特殊事情がある場合には、前記法の目的を害さないかぎりの幅のある表示をしても、その一事のみを以て、罪となるべき事実を特定しない違法があるということはできない」として、「審判対象の限定」と「防御範囲の明示」とが訴因の機能であるとしている。この両者の関係については、識別説（特定説）と防御権説との対立があるものの、いずれの立場からも、訴因には①被告人の行為が特定の犯罪構成要件に該当するかどうかを判定するに足りる程度に具体的事実を明らかにしていること、②他の犯罪事実と区別（識別）できること、の両方が求められる（防御権説からは、更に③被告人の防御権の行使に十分であることも求められよう）。

　以上は、訴因特定のため最低限求められる要件であるが、256条3項は、「できる限り」との文言も用いているところ、どのように解すべきか。検察官において、起訴時点の証拠に基づき、できる限り特定したことが必要と解するのが通説である。すなわち、訴因の特定の要求を満たしている（訴因が特定している）場合であっても、審判対象のなお一層の具体化と、防御の範囲のより一層の明確化のために、訴因の特定のための必要最低限の要求を超えた具体的な事実の記載を「できる限り」の限定のもとに要求していると解される（古江187頁）。前記白山丸事件判決も、訴因特定の緩和がなされ得る場面として、「犯罪の種類、性質等の如何により、日時・場所を詳らかにすることができない特殊事情」を考慮に含めており、その後の判例等を踏まえれば、①捜査の困難性（犯行の密行性、被害者・目撃者の不存在など）、②犯罪類型または事案の性質上、日時、場所及び方法等の特定がなくとも、被告人が犯行に及んだことを確実に立証し得ること（アリバイ主張の非重要性など）、③犯罪類型または事案の性質上、日時、場所及び方法等による「他の事実との識別」の必要が少ないこと（1回しかあり得ない特定被害者に対する致死事案など）が訴因特定の緩和に必要であるとの整理も可能であろう（酒巻278頁）。

本件では、覚醒剤の自己使用事件が問題である。

　まず、訴因の特定の最低限の要件のうち、①構成要件該当性の判断が可能か
について見るに、この点は、覚醒剤自己使用罪の構成要件に該当するとの判断
は容易である。問題は、②他の犯罪事実との区別が可能かという点、更に③検
察官において、「できる限り」特定したものと言えるか、という点であろう。
最決昭56・4・25刑集35・3・116は、「本件公訴事実の記載は、日時、場所の
表示にある程度の幅があり、かつ、使用量、使用方法の表示にも明確を欠くと
ころがあるとしても、検察官において起訴当時の証拠に基づきできる限り特定
したものである以上、覚せい剤使用罪の訴因の特定に欠けるところはないとい
うべきである」として、他の犯罪事実との区別の観点からも適法な起訴との判
断を示しているが、その説明については、主に2通りが考えられる。最終行為
説（尿の採取に先立つ最後の使用が起訴されたものであると考えるもの）と、最低1
回行為説（起訴状記載の期間・場所内において少なくとも1回の使用が起訴されたも
のであると考えるもの）とである。いずれの立場からも、訴因の特定に欠けると
ころはないとの結論を導き得る。他方、「できる限り」の文言にもかかわらず、
なぜ幅のある記載が許容されるかについては、覚醒剤自己使用事件について、
①犯罪の密行性に基づく捜査の困難さ、②（抽象的にみて）防御上の不利益が
少ないこと、などが指摘できよう。

　本件でも、覚醒剤自己使用事件が密行性の高い犯罪であることに加え、捜査
段階で甲が供述を拒み、「何で尿から覚醒剤が出たのか分からない」などと繰
り返したことなどの事情から、起訴当時の証拠関係に照らし、概括的な日時・
場所・方法による起訴を行うとの検察官の判断にも相応の理由があるものと解
される。

5　訴因の補正

　概括的な日時・場所・方法による起訴がなされた後、公判廷で被告人が具体
的な状況を供述し、客観的にもそれが真実と認められた場合、裁判所はどのよ
うに対応すべきか。これは、訴因の具体化すなわち「訴因の補正」の問題であ
る（リーガルクエスト231頁。当初の訴因が概括的なものであるから、訴因に「ずれ」
は生じておらず、訴因変更の要否の問題ではない。検察官が訴因補正に応じない場合は、

その次の段階として、訴因補正手続を経ずして公判廷供述に基づき具体的に事実を認定することの可否も問題となり得るが、本件では、まず裁判所のとるべき措置が問われている）。

　公判廷における証拠調べの結果、被告人の公判廷における自白が信用できると認められる場合、証拠調べ終了時においては、検察官は、使用の日時・場所・方法を具体的に特定した訴因によって公訴を追行することができる状態にある。そもそも、日時・場所・方法を具体的に特定しない訴因の記載が許されていたのは、前記のとおり、これを特定することができない事情が存在したためであって、公判審理の過程でその事情が解消したときは、検察官は、原則に戻り、日時・場所・方法を具体的に特定した公訴事実により公訴を追行するのが本来の姿である。したがって、検察官は、訴因を補正し、日時・場所・方法を具体的に表示すべきであろう。検察官が進んで訴因の補正をしない場合、裁判所は、釈明権を行使して、検察官に訴因の補正を促すべきであろう。この点、東京高判平6・8・2判タ876・290は、「原審としては、検察官に釈明を求め訴因をより具体的に特定させるべきであった」のに、これをせず、覚醒剤使用の日時に幅のある訴因を漫然と認定して有罪判決をしたのは、訴訟手続の法令違反（379条）である、と判示している。なお、釈明権の行使にもかかわらず、検察官が訴因の補正に応じなかった場合は、裁判所において公判廷の自白に基づき特定した具体的事実を罪となるべき事実として認定することは可能であろう（ただし、検察官が256条3項に反したのではないかとの見地から、特定不十分として公訴棄却するという考えもあるかもしれない〔最判昭33・1・23刑集12・1・34〕）。

第 3 問

【問題点】
1 尾行による行動確認
2 足跡採取
3 GPS 端末機器の取付け・使用
4 現行犯逮捕（に伴う差押え）
5 伝聞法則
6 実況見分調書（目撃再現）

〔設問1〕

1 尾行による行動確認

　Ｎらは、平成 28 年 7 月 25 日から、甲に対する尾行による行動確認を行っている。甲のプライバシー（自己の所在地情報をコントロールする権利）を害するものとして違法ではないか。

　尾行（行動確認）の適法性判断基準については、**第 1 問 1** 参照。

　強制処分該当性→任意処分として必要性（・緊急性）・相当性の順に判断するに、本件では、甲がホテル O から外出した際すなわち不特定多数の視線に容貌がさらされている状態下で尾行を行っており、重要な権利利益の侵害制約とまではいえず、強制処分該当性は否定される。任意処分としての適法性については、連続住居侵入・窃盗事件が発生しており、手口の類似性等から、甲に対する嫌疑が一定程度認められるから、犯人を検挙し、新たな被害を防止する観点からも、捜査の必要性が認められる。他方、用いた手法は、主に昼間の時間帯に、数日間、外出時の甲の行動を確認するというものであるから、必要性に比し相当な範囲と言い得るのではないか。

2 足 跡 採 取

　Ｎらは、7 月 27 日午前、甲がホテル O から外出する際に、足跡採取のため

のマットを甲の宿泊していた部屋の前に置いておき、甲の着用する運動靴の足跡を採取している。このような足跡採取（刑訴法上明確に定めた規定は存在しない）が218条1項の検証等の強制処分に当たると解した場合、令状を得た旨の記載がないことから、その適法性が問題となる（なお、将来犯罪の捜査が許されるかという問題〔リーガルクエスト34頁〕もあるかもしれないが、本件では既に発生した住居侵入・窃盗事件の捜査と解することも可能なので、全面的に否定されることはないであろう）。

　足跡採取が強制処分に当たるか、197条1項但書の強制処分の定義に照らして考えると、相手方の意思に反する可能性はあり、足跡のプライバシーも重要な権利に含まれると考えれば、強制処分（この場合は検証か）に当たると解する余地もある。しかし、屋外における写真撮影と同様、外出時において足跡は歩行した箇所に次々と遺留される類のものであり、その意味で足跡のプライバシーは、その容貌と同様、常に不特定多数にさらされているといってよい。本件でも、ホテルの建物内に入ってマットを設置しているものの、ホテル支配人の許可は得ており、宿泊室外の廊下は多数の人が利用することから、重要な権利利益の侵害制約とまでいえないのではないか。そう考えると、任意処分としての必要性・相当性が問題となり、あとは1同様、住居侵入・窃盗事件の嫌疑が存在し、甲が頻繁に靴を履き替えている事実も明らかになっているのであるから、外出時に足跡を採取する必要性が認められ、マットを設置しておく方法にも相当性を認めてよいのではないか（ちなみに、東京高判平28・8・23高刑集69・1・16は、DNA型検査資料を得るため、警察官らが、相手が警察官であることを認識していない被告人に紙コップを手渡してお茶を飲むよう勧め、そのまま廃棄されるものと考えた被告人から同コップを回収し、唾液を採取した行為につき、強制処分に該当するとしているが、別の省庁職員であるとの被告人の錯誤に乗じた点や、採取資料がDNA型検査資料である等の点で、本件事例とは相違を有する）。

3　GPS端末機器の取付け・使用

　Nらは、甲の使用するレンタカーにGPS端末機器を取り付けた上、同車を追跡する際にGPSを利用して同車の場所を確認し、失尾した際にも追い付くなどしている。

このようなGPS端末機器の取付け・使用についても、直接の明文規定はなく、無令状で行っていることから、197条1項但書の「強制の処分」に当たるか、問題となる。

　この点、尾行の補助手段としての位置付けにとどまり、未だ重要な権利の制約には至っておらず、強制処分には該当しないとの見解及び裁判例も存したが、最大判平29・3・15刑集71・3・13は、「GPS捜査は、対象車両の時々刻々の位置情報を検索し、把握すべく行われるものであるが、その性質上、公道上のもののみならず、個人のプライバシーが強く保護されるべき場所や空間に関わるものも含めて、対象車両及びその使用者の所在と移動状況を逐一把握することを可能にする。このような捜査手法は、個人の行動を継続的、網羅的に把握することを必然的に伴うから、個人のプライバシーを侵害し得るものであり、また、そのような侵害を可能とする機器を個人の所持品に秘かに装着することによって行う点において、公道上の所在を肉眼で把握したりカメラで撮影したりするような手法とは異なり、公権力による私的領域への侵入を伴うものというべきである」「憲法35条は、『住居、書類及び所持品について、侵入、捜索及び押収を受けることのない権利』を規定しているところ、この規定の保障対象には、『住居、書類及び所持品』に限らずこれらに準ずる私的領域に『侵入』されることのない権利が含まれるものと解するのが相当である。そうすると、前記のとおり、個人のプライバシーの侵害を可能とする機器をその所持品に秘かに装着することによって、合理的に推認される個人の意思に反してその私的領域に侵入する捜査手法であるGPS捜査は、個人の意思を制圧して憲法の保障する重要な法的利益を侵害するものとして、刑訴法上、特別の根拠規定がなければ許容されない強制の処分に当たる（最高裁昭和〔中略〕51年3月16日第三小法廷決定〔中略〕参照）とともに、一般的には、現行犯人逮捕等の令状を要しないものとされている処分と同視すべき事情があると認めるのも困難であるから、令状がなければ行うことのできない処分と解すべきである」とし、現行刑訴法に規定されている検証等の令状によることができるかについても、検証では捉えきれない性質を有するなどとして、新規立法を求めた。同判例は、結論においてはもちろんであるが、昭和51年判例の「個人の意思を制圧して」とは「合理的に推認される個人の意思に反して」の意義であると解したことや、

私的領域に侵入されることのない権利も身体、住居、財産等と同列に解されることを示した点においても、重要性を有する。

本件において、まず、GPS 端末機器の取付け・使用は、相手方の意思には反するであろう。そして、自らの所在地情報をコントロールする権利もプライバシー権の一部として保護の必要性は認められるところ、尾行の場合と異なり、本件 GPS による位置検索は、機械的方法を用いて、連続的・網羅的に情報が取得できる（ホテルや私人宅駐車場等の所在地情報も含まれよう）。そこで、重要な権利の制約が著しいものとして、強制処分に該当すると解され、無令状で行われれば、それは違法と言わざるを得ず、その結果得られた証拠の証拠能力については、違法収集証拠の問題となる。

仮に任意処分にとどまると解する場合は、最高裁判例が存する以上、本件 GPS 端末機器は、民間会社が契約者に貸し出しているもので、誰でも利用可能であること、契約者は位置情報を取得するためにその都度パソコン端末からのアクセスが必要であること、誤差も数十～数百メートル存在することなどからすれば、公共の場所において容貌が不特定多数の視線にさらされていることなどを相当説得的に論ずる必要があろう。

4 現行犯逮捕（に伴う差押え）

本件現行犯逮捕は適法か。すなわち甲は 212 条 1 項規定の「現に罪を行い、又は現に罪を行い終つた者」と言えるか。現行犯逮捕の要件は、①時間的（・場所的）接着性、②犯罪及び犯人の明白性、③逮捕の必要性と解される（酒巻 59 頁等）が、このうち②は、現行犯逮捕が強制処分でありながら法が令状主義の例外を認めるに当たり、誤認逮捕の危険性を低くしかつ犯人を確保し制圧する必要性が大であるために要求される実質的要件である。「現に罪を行い終つた者」も現行犯とされていることから、逮捕者自ら犯行自体を現認（目撃）している必要まではなく、明白性の判断に当たっては、関係者の供述のみによることは相当でないが、関係者の供述を明白性判断の一資料とすることについては、これを妨げるものではないとされる（古江 54 頁）。現行犯逮捕が適法とされた判例には、最決昭 31・10・25 刑集 10・10・1439（飲食店で従業員の胸を強打しガラス戸を破損した事案において、駆け付けた警察官が犯行後 30～40 分後、約 20

m離れた近くの店にいた犯人を現行犯逮捕した事案）、最決昭33・6・4刑集12・9・1971（住居侵入直後に自転車で駆け付けた警察官が約30m先で現行犯逮捕した事案）などがある。

本件では、まず①時間的（・場所的）接着性について見るに、甲はV方の前でいったんNの視界から消え、約10分後、V方敷地内から再び姿を現しており、現行犯逮捕は犯行場所から約200m離れた場所で行われている。走って逃走する甲を約200m追跡する時間はせいぜい1分程度と認められる。②犯罪及び犯人の明白性については、上記経緯から、建物に侵入する場面の現認はなくとも、少なくとも敷地内への侵入はNが現認したと認められ、犯罪・犯人性いずれも明白である。③逮捕の必要性についても、甲が逃走を図っていること等から認められよう。現行犯逮捕自体は適法としてよいのではないか（もし現行犯逮捕を認めない場合、212条2項の準現行犯逮捕を検討することになる）。

また、現行犯逮捕に伴う捜索差押えは、220条1項2号により認められているところ、その理論的根拠について①相当説（合理性説）と②緊急処分説（限定説）の対立があるものの、いずれの立場からも証拠存在の蓋然性（差押えに当たっては、犯罪事実との関連性）が要求されることは当然である（リーガルクエスト140頁）。

本件では、現行犯逮捕が適法であることを前提に、Nが甲のビジネスバッグの中を捜索し、マイナスドライバー、軍手、剥き出しの現金数万円、ネックレスなどが差し押さえられているが、住居侵入事実との関連性を認めてよいであろう。

〔設問2〕

5 伝聞法則

本件【実況見分調書】の伝聞証拠（320条1項）該当性が問題となる。

伝聞証拠の定義、伝聞法則の趣旨等については、**第1問5**参照。

通説からは、伝聞証拠とは、①公判廷外の供述を内容とする証拠で、②供述内容の真実性を立証するためのもの、と解される。

6 実況見分調書（目撃再現）

本件【実況見分調書】が伝聞証拠に当たるか。まず【実況見分調書】自体については、Rが、Nを立会人として実施した実況見分の結果を書面に取りまとめ、上司であるQに対し報告したもの（かつ、捜査段階では検察官に、公判廷で証拠採用された場合は裁判所に対し報告するもの）であるから、公判廷外の供述を内容とするものである。そして、供述内容の真実性を問題とするかどうかは、要証事実（立証趣旨）をどのように考えるかによって決するべきであるが、本件にはその点の記載がないので、検討するに、Pが警察に対し実況見分の実施を指示した理由からしても、「V方付近でNが目撃した状況」（あるいは、「N立会再現見分の実施状況」）などというものになろう。いずれにしても、見分官であるRが本件【実況見分調書】により供述するところは、Nを立ち会わせ、見分した経緯と結果であり、その真実性が問題になるから、本件【実況見分調書】は伝聞証拠である。

では、伝聞例外に当たるか。321条3項は、検証調書について伝聞例外として一定の要件の下、証拠能力を肯定しているところ、実況見分調書もこれに当たるか。実況見分は、任意処分であり、強制処分である検証との違いはあるものの、五官の作用により場所・物・身体等の状況を客観的に認識・保全するという実質は同じであり、判例も実況見分調書について321条3項適用を肯定する（最判昭35・9・8刑集14・11・1437）。本件でも、見分官Rが公判廷において証人として尋問を受け、真正に作成された（名義及び内容の真正と解されている）ものであることを供述すれば、実況見分調書自体の証拠能力は肯定される（したがって、実務上は弁護人において作成の真正は争わない、などとして一部同意をすることも多い）。

ただし、本件【実況見分調書】には、立会人Nの指示説明が記載され、その様子を撮影した写真が添付されている。

通常、現場の状況等を明らかにする実況見分調書では、指示説明や写真は実況見分の1つの手段に過ぎず、最判昭36・5・26刑集15・5・893も、「立会人の指示、説明を求めるのは、要するに、実況見分の1つの手段であるに過ぎず、被疑者及び被疑者以外の者を取り調べ、その供述を求めるのとは性質を異にし、

従つて、右立会人の指示、説明を実況見分調書に記載するのは結局実況見分の結果を記載するに外ならず、被疑者及び被疑者以外の者の供述としてこれを録取するのとは異なる」と述べ、実況見分調書の一部として証拠能力が認められると判断している（いわゆる「現場指示」等）。見分官の伝聞過程のみ問題にすればよく、立会人の伝聞過程はさほど問題にならないということである。

　しかし、再現見分では、やや様相が異なる。再現見分は、被害者や目撃者、被疑者などの立会人に、事件の状況を説明してもらう手段として実施されるのが主であるから、立会人から見分官に対し、別途伝聞過程があるのではないか、検討しなければならない。最決平17・9・27刑集59・7・753も、「前記認定事実によれば、本件両書証は、捜査官が、被害者や被疑者の供述内容を明確にすることを主たる目的にして、これらの者に被害・犯行状況について再現させた結果を記録したものと認められ、立証趣旨が『被害再現状況』、『犯行再現状況』とされていても、実質においては、再現されたとおりの犯罪事実の存在が要証事実になるものと解される。このような内容の実況見分調書や写真撮影報告書等の証拠能力については、刑訴法326条の同意が得られない場合には、同法321条3項所定の要件を満たす必要があることはもとより、再現者の供述の録取部分及び写真については、再現者が被告人以外の者である場合には同法321条1項2号ないし3号所定の、被告人である場合には同法322条1項所定の要件を満たす必要があるというべきである。もっとも、写真については、撮影、現像等の記録の過程が機械的操作によってなされることから前記各要件のうち再現者の署名押印は不要と解される」「本件両書証は、いずれも刑訴法321条3項所定の要件は満たしているものの、各再現者の供述録取部分については、いずれも再現者の署名押印を欠くため、その余の要件を検討するまでもなく証拠能力を有しない。また、本件写真撮影報告書中の写真は、記録上被告人が任意に犯行再現を行ったと認められるから、証拠能力を有するが、本件実況見分調書中の写真は、署名押印を除く刑訴法321条1項3号所定の要件を満たしていないから、証拠能力を有しない」としている。

　本件で、仮に「N立会再現見分の実施状況」などの立証趣旨を考えたとしても、それにあまり意味があるとは思えない。やはり「V方付近でNが目撃した状況」（更に煮詰めるのであれば、「甲の犯行をNが目撃した状況」）などとすべき

であろう。とすると、Nの指示説明について、【実況見分調書】記載の「4　再現経過」のうち、少なくとも「(5)　V方前で甲が視界から消えた状況」と、「(6)　V方敷地内から甲が姿を現した状況」については、立会人Nの説明内容が真実であることを前提に、甲がV方敷地内に入って出てきたことを立証しようというのであるから、別途Nの供述として伝聞過程があり、実況見分調書全体について321条3項の要件を満たすのみならず、321条1項3号の要件を満たす必要があるところ、本件でNの署名押印はなされていないから、この部分の証拠能力は否定されるであろう。同様に、写真についても、少なくとも写真9ないし12（特に写真10及び12）において、Sが甲役として、Nの説明内容を再現した状況については、「4　再現経過」(5)(6)のNの説明内容と同様、別途伝聞過程があり、321条1項3号の要件を満たす必要があるところ、写真なのでその機械的記録方法の正確性に鑑み、署名押印は不要と解されるが、Nは供述不能とは言えないから、やはり証拠能力は否定されるであろう。

第 4 問

【問題点】
1 おとり捜査
2 予試験・現行犯逮捕・逮捕に伴う捜索差押え（携帯電話機）
3 伝聞法則
4 328条適用の可否

〔設問1〕

1 おとり捜査

　Nは、Aに対し、「供述していた番号に電話をかけて覚醒剤の購入を持ちかけてもらえないか」などと伝え、協力を依頼している。このような捜査方法は、おとり捜査として、違法なのではないか。

　おとり捜査とは、「捜査機関又はその依頼を受けた捜査協力者が、その身分や意図を相手方に秘して犯罪を実行するように働き掛け、相手方がこれに応じて犯罪の実行に出たところで現行犯逮捕等により検挙する」捜査方法をいう（最決平16・7・12刑集58・5・333）。おとり捜査は、当初から犯罪を行う意図を有していた者に対して機会を提供したにすぎない場合（機会提供型）と、おとり捜査によって犯人に新たに犯意を惹き起こさせた場合（犯意誘発型）とがあるとされ、かつて判例上は、それぞれ適法としたものが存在した（機会提供型について最決昭28・3・5刑集7・3・482、犯意誘発型について最判昭29・11・5刑集8・11・1715）が、その後下級審では、覚醒剤事犯について、機会提供型は違法ではないが、犯意誘発型は違法であるとするものが見られる状況にあった（東京高判昭57・10・15判時1095・155等）。このような中、上記平成16年最決は、「少なくとも、直接の被害者がいない薬物犯罪等の捜査において、通常の捜査方法のみでは当該犯罪の摘発が困難である場合に、機会があれば犯罪を行う意思があると疑われる者を対象におとり捜査を行うことは、刑訴法197条1項に基づく任意捜査として許容されるものと解すべきである」と述べて、任意捜査

として許容されるかとの見地から一定のおとり捜査を適法とした。このようなおとり捜査は、相手方の意思に反する可能性はあるが、少なくとも当初から犯罪を行う意図を有していた者について重要な権利利益の侵害は乏しいから強制処分には該当せず（最決昭51・3・16刑集30・2・187参照）、任意捜査とした場合、具体的な働きかけの方法のみならず、対象犯罪の性質、嫌疑の存在・程度、対象者の意思、他の捜査手段によることの困難性等を考慮して許容性が判断されることになろう（酒巻176頁）。

　本件では、継続的に密売を行っていた者に対する捜査であるから、仮にその意思に反したとしても重要な権利利益の侵害は乏しく、強制処分には該当しない。そして、重大事犯である覚醒剤密売事件につき、その密行性に鑑み、携帯電話の契約者照会など所要の捜査を遂げていたものの、実際の使用者が特定できないなど密売人の検挙が困難な状況が存在したため、以前からこの密売人から覚醒剤を購入し、警察への協力を申し出てきたAに依頼し、申込電話をしてもらう方法は、相手に新たな犯意を誘発させるものでもなく、相当性を逸脱したとは未だいえないのではないかと考えられる。

2　予試験・現行犯逮捕・逮捕に伴う捜索差押え（携帯電話機）

　予試験は、違法薬物の疑いがあるものに試薬を加え、その反応によりその薬物が違法薬物であるか否か簡易に検査する方法であり、鑑定の前提あるいは鑑定の一種と解される。相手方の承諾があれば、任意処分として許容される。また、捜索差押えの場面においては、承諾がなくとも、「必要な処分」（222条1項・111条1項）の一種として許容される場合がある。職務質問の場面においても、附随する処分の一種として承諾がなくとも許容される場合があろう。東京高判平6・5・11高刑集47・2・237は、「発見した段階でその所持者と認められる被告人に任意提出を求め、更に、被告人の同意を得た上で予試験（鑑定処分の一種である。）を行うのが本筋である」としつつ、「形状、包装などから予試験の結果をまつまでもなく、覚せい剤である蓋然性がきわめて高く、現行犯人逮捕も不可能とはいえない状況であること」などの諸事情を挙げた上、「一連の経過及び状況を総合すると、捜査員が、右覚せい剤と思われる物の任意提出及びこれに対する予試験の実施について、なお被告人に対する説得を継続し、

その明確な同意を得なかったことをもって、直ちに違法な捜査であるとまでは断定し難く、仮に若干の違法が認められるとしても、その違法はこれに引き続く現行犯人逮捕の適法性及びこれに伴う差押によって取得された証拠物の証拠能力を否定するほどの重大なものとは認められない」などとしている。本件では、「予試験をするがよいな」と告げたのに対し、甲はあきらめて封筒を渡しており、任意処分として許容されよう（その意味では、本問題点の重要性はさほど高くないとの考えもあろう）。

次に、現行犯逮捕であるが、現行犯逮捕の要件等については、**第3問4**参照。時間的（・場所的）接着性については、予試験結果を受け直ちにその場で逮捕しているから問題ない。明白性については、封筒の内容物について覚醒剤の反応が出ており、営利目的についても、「はい、2万円」などの文言から覚醒剤営利目的所持事実の明白性があり、その封筒は甲が渡してきたものであるから、犯人についても明白である。事案の重大性や、営利目的を裏づける証拠を中心に隠滅の可能性もあり、逮捕の必要性も認められる。したがって、現行犯逮捕も適法である。

逮捕に伴う捜索差押えについて、上記封筒及びその内容物に加え、携帯電話機1台を差し押さえているが、相当説、緊急処分説いずれの立場からも、シャツのポケットに対して捜索を行うことは許容されるものと解され、携帯電話機の本件との関連性についても、被疑事件は携帯電話を使用しての覚醒剤密売事件であるから、問題ないであろう。携帯電話機の中身を確認した上での差押えかどうか不明（実務でも確認できないまま差し押さえることは多いと思われる）な点がやや問題となるものの、最決平10・5・1刑集52・4・275が「令状により差し押さえようとするパソコン、フロッピーディスク等の中に被疑事実に関する情報が記録されている蓋然性が認められる場合において、そのような情報が実際に記録されているかをその場で確認していたのでは記録された情報を損壊される危険があるときは、内容を確認することなしに右パソコン、フロッピーディスク等を差し押さえることが許されるものと解される」と判示しているのに照らし、本件でも電話機の破壊やデータ消去の危険があるから、適法であろう（同判例は令状による捜索差押えの場面における判例であるが、逮捕に伴う捜索差押えにおいてもその趣旨は妥当すると思われる）。

〔設問2〕

3 伝 聞 法 則

　前提として、本件【捜査報告書】及びＢの供述調書の伝聞証拠性を検討する。伝聞証拠の定義・伝聞法則の趣旨については、**第1問5**参照。

　通説からは、伝聞証拠とは、①公判廷外の供述を内容とする証拠で、②供述内容の真実性を立証するためのもの、と解されるところ、いずれも公判廷外の供述を内容としていることは明白であり、問題は要証事実（立証趣旨）との関係で内容の真実性を立証するものかどうかである。検察官の立証意図を考えるに、終局的には、「甲の営利目的」であり、そのために「Ａ及びＢが甲から覚醒剤を購入していたこと」になるが、本件では証人尋問の結果を受けて更に書証請求を検討している点に留意が必要である。すなわち、Ａの証人尋問は成功したのに対し、Ｂの証人尋問は失敗に終わっており、Ａの証言の信用性にも影響を与えかねない状況が生じている。そこで、【捜査報告書】及びＢの供述調書の立証趣旨（要証事実）として考えられるのは、「Ｂが甲から覚醒剤を購入していたこと」か、あるいは、「Ｂの公判廷供述が信用できないこと」ということになろう。いずれの見地からも、【捜査報告書】及びＢの供述調書の内容の真実性が問題となり、これらは伝聞証拠（320条1項）である。なお、【捜査報告書】は、ＮがＢらの供述を聴き取った上、その内容を捜査報告書としてＱに対し報告する形式となっており、再伝聞（伝聞証拠である供述代用書面〔供述書・供述録取書〕の中に伝聞証拠が含まれている場合）であって、刑訴法上、再伝聞の証拠能力を直接定めた規定はないため、324条が類推適用ないし準用できるかが一応問題となるが、最判昭32・1・22刑集11・1・103はこれを肯定しており、324条に基づき適用される伝聞例外要件を満たす場合は、証拠能力は否定されない。

4 328条適用の可否

　立証趣旨（要証事実）を、「Ｂが甲から覚醒剤を購入していたこと」と考える場合、本件【捜査報告書】も、Ｂの供述調書も、証拠能力を認めることはできない。伝聞例外規定としては、（うち捜査報告書については、324条2項を類推適用

した上）321条1項3号によるしかないところ、書面に含まれるBの供述過程を解消できるだけの同号該当事由が存在しない（Bは、供述不能とは言えない）からである。

　では、立証趣旨を「Bの公判廷供述が信用できないこと」と考えた場合はどうか。この場合は、328条に基づく請求を検討することになる。同条で許容される証拠の範囲については、弾劾証拠すなわち証人等の「供述の証明力を争うため」の証拠と言えるかが問題となり、この点、328条の弾劾証拠は、自己矛盾の供述に限るとする立場（限定説）や、証人等の供述の信用性一般を揺るがすものであれば足りるとする立場（非限定説）、更には折衷的見解も多数存在したが、最判平18・11・7刑集60・9・561は、「刑訴法328条は、公判準備又は公判期日における被告人、証人その他の者の供述が、別の機会にしたその者の供述と矛盾する場合に、矛盾する供述をしたこと自体の立証を許すことにより、公判準備又は公判期日におけるその者の供述の信用性の減殺を図ることを許容する趣旨のものであり、別の機会に矛盾する供述をしたという事実の立証については、刑訴法が定める厳格な証明を要する趣旨であると解するのが相当である」「そうすると、刑訴法328条により許容される証拠は、信用性を争う供述をした者のそれと矛盾する内容の供述が、同人の供述書、供述を録取した書面（刑訴法が定める要件を満たすものに限る。）、同人の供述を聞いたとする者の公判期日の供述又はこれらと同視し得る証拠の中に現れている部分に限られるというべきである」として、限定説（自己矛盾供述に限る）に立つことを明示した。また、形式面でも一定の限定を付している（原則を供述書ないし供述録取書とし、聴取結果報告書のような類は許容されないとしている）（笹倉宏紀「328条の意義」争点176頁）。

　本件について見るに、まず、Bの供述調書については、Bの公判廷供述が存在し、それに先立ち矛盾する供述をしていたという事実を立証するものであり、供述録取書の形式がとられているから、328条に基づき証拠能力を肯定してよい。他方、【捜査報告書】のうち、Aの供述部分については、内容においてはBの公判廷供述と矛盾する可能性もあるが、同一人物のものでないから、そもそも弾劾証拠に当たらず、Bの供述部分については、同一人物のした矛盾供述であるものの、その形式において、NがBから聞き取ったという形になって

おり、判例の立場による限り、やはり 328 条により許容することはできないというべきである。

第 5 問

【問題点】
1　別件捜索・差押え
2　訴因変更の可否（公訴事実の同一性）

〔設問1〕

1　別件捜索・差押え

　甲方に対する捜索差押えは、平成28年8月5日の電話による恐喝未遂事実を被疑事実として行われているところ、実際に差し押さえたものは、預金通帳のほか、暴力団員の名刺、野球賭博に関するものと思われる記載がされたノート3冊であり、従前からNらが把握していた暴力団周辺者による野球賭博被疑事件に関するものとして許されないのではないか（なお、捜索差押許可状の捜索差押えの目的物として請求書の記載が引用され、請求書に「その他本件に関連する物」との記載があることから、特定が十分か、一応問題となり得るものの、最大決昭33・7・29刑集12・12・2776等から、特に問題はないであろう）。

　本件目的の捜索・差押え（別件捜索・差押え）の適法性については、別件逮捕・勾留の場合と同様、本件基準説と別件基準説の対立があるとされる（リーガルクエスト122頁）。別件基準説によれば、別件での捜索・差押えの要件が形式上具備されている以上、違法とはされない。他方、本件基準説によれば、本件を目的としながら本件についての裁判官の審査を経ないという点で、令状主義を潜脱する違法があるとされることになる。広島高判昭56・11・26判時1047・162は、本件目的の捜索・差押えを違法と評価しているが、本件基準説に対しては、別件逮捕・勾留における本件基準説に対してと同様、捜査機関の主観的意図を見抜くのは通常困難という批判があり得る上、更に別件逮捕・勾留における「身柄拘束の厳格な期間制限の潜脱」という問題は生じ得ない点に留意を要する。結局、違法と評価され得る場合があるかどうかについては、本

件と別件の軽重・関連性の程度、捜索差押現場における捜査機関の具体的言動に加え、捜索差押対象物のそれぞれの事件に対する関連性の有無により判断するしかないであろう。この点、最判昭51・11・18判時837・104は、「右捜索差押許可状には、前記恐喝被疑事件に関係のある『暴力団を標章する状、バッチ、メモ等』が、差し押さえるべき物のひとつとして記載されている。この記載物件は、右恐喝被疑事件が暴力団であるC連合C組に所属し又はこれと親交のある被疑者らによりその事実を背景として行われたというものであることを考慮するときは、C組の性格、被疑者らと同組との関係、事件の組織的背景などを解明するために必要な証拠として掲げられたものであることが、十分に認められる。そして、本件メモ写しの原物であるメモには、C組の組員らによる常習的な賭博場開張の模様が克明に記録されており、これにより被疑者であるDと同組との関係を知りうるばかりでなく、C組の組織内容と暴力団的性格を知ることができ、右被疑事件の証拠となるものであると認められる。してみれば、右メモは前記許可状記載の差押の目的物にあたると解するのが、相当である」「憲法35条1項及びこれを受けた刑訴法218条1項、219条1項は、差押は差し押えるべき物を明示した令状によらなければすることができない旨を定めているが、その趣旨からすると、令状に明示されていない物の差押が禁止されるばかりでなく、捜査機関が専ら別罪の証拠に利用する目的で差押許可状に明示された物を差し押えることも禁止されるものというべきである。そこで、さらに、この点から本件メモの差押の適法性を検討すると、それは、別罪である賭博被疑事件の直接の証拠となるものではあるが、前記のとおり、同時に恐喝被疑事件の証拠となりうるものであり、C連合名入りの腕章・ハッピ、組員名簿等とともに差し押えられているから、同被疑事件に関係のある『暴力団を標章する状、バッチ、メモ等』の一部として差し押えられたものと推認することができ、記録を調査しても、捜査機関が専ら別罪である賭博被疑事件の証拠に利用する目的でこれを差し押えたとみるべき証拠は、存在しない」としており、令状記載の差押目的物に当たるか、当たるとしても専ら本件目的の差押えに当たるのではないか、という順に検討している。

　本事例において、まず、名刺とノートが令状記載の差押目的物に当たるかどうか検討するに、被疑事実は恐喝未遂事実であり、脅迫文言の中には暴力団と

の関係を示すものも含まれていることから、被疑者が暴力団に関連するかどうかを示すものについては、被疑事実との関連性があると言えよう。ただし、ノートについては、請求書及び令状の差押目的物に「犯行計画を記載した」との記載があるのに対し、差し押さえたものは野球賭博に関する記載のものであったというのであるから、差押目的物には含まれず、被疑事実との関連性もないと考えることも可能であろう。次に、本件目的の差押えに当たるのではないか検討するに、前記判例によれば令状記載の差押目的物であったとしても、専ら本件目的であるときは違法となり得るところ、これも両説あり得る。適法説は、いずれも差押目的物に当たるとした上で、捜索差押えの形式的要件に欠けるところはない上、恐喝未遂事件自体軽からざる犯罪で起訴価値も十分あり、捜索の必要性は高く、特に本事例は暴力団の威力を示した常習的・継続的犯行であるとし、野球賭博とも関連する事件であって、名刺とノートの差押えも専ら本件目的のものとは言えないと考える。他方、違法説は、捜査機関が以前から野球賭博事件の嫌疑を有し、恐喝未遂事件を利用した側面がある点や、特にノートについての記載内容はもはや恐喝未遂事件との関連性は認めがたく、専ら野球賭博事件の証拠にしかなり得ない、などと主張することになると思われる。

〔設問2〕

2 訴因変更の可否（公訴事実の同一性）

本事例における公訴事実は、甲が平成28年8月5日にVに対して恐喝未遂に及んだという事実と、先立つ同年5月8日から同年7月23日までの間、10回にわたり、甲を脅迫して金員を交付させたという事実である。ところが、Vの証人尋問の結果、10回のうち1回の恐喝既遂事実について、日時・場所が記憶違いであった旨の証言が得られた。すなわち、同年6月30日にVが甲に対しL公園で3万円を渡した、とされている事実（一覧表6番の事実）につき、実際には同年7月1日にVが甲に対し消費者金融Bの前で3万円を渡したのが正しかったことが判明したというのである。検察官の証拠精査の結果、7月1日の方が正しいことが裏付けられたというのであるから、訴因変更を検討しなければならない。

訴因変更制度については、312条1項が、「裁判所は、検察官の請求がある
ときは、公訴事実の同一性を害しない限度において、起訴状に記載された訴因
又は罰条の追加、撤回又は変更を許さなければならない」と規定している。審
判の対象は訴因であるとの判例・通説の立場に立てば、裁判所は、訴因につい
ては必ず審判しなければならないが、訴因外の事実について訴因変更の手続を
経ずに審判すれば、「審判の請求を受けない事件について判決をした」（378条
3号の絶対的控訴理由）とされ、控訴されれば破棄されることになる。しかし、
訴訟は流動的なもので固定的なものではない。そのような場合、訴因外の事実
を認定することはできないので、当初の訴因について無罪として別の事実を別
途起訴させることが考えられるが、被告人の地位をかえって不安定にする上、
手続が迂遠で訴訟経済上も問題がある。また、刑事裁判には実態に即し真実を
明らかにして罪責を問うという実体的真実主義の要請もある。そこで、刑訴法
は、公訴事実の同一性を害しないという限定を付した上、訴因変更制度を設け
たのである。

　問題は、「公訴事実の同一性」の範囲であり、学説では、「両訴因の共通性」
「非両立性」「同一性及び単一性」「基本的事実同一」など、様々な基準が主張
されている。判例には、非両立性基準を用いたとされるものもあるが、最決昭
53・3・6刑集32・2・218が「基本的事実関係においては同一であるというこ
とができる」との表現を用いており、訴因に表示された事実関係の共通性の程
度を評価して同一性を判断していると理解できよう（酒巻297頁）。近時は、訴
因変更制度とは1個の訴訟手続の中で解決を図るべき範囲の問題であるという
趣旨に鑑み、二重起訴の禁止（338条3号・339条1項5号）や一事不再理効によ
る再訴禁止（337条1号）という被告人の利益にも配慮して、両訴因が、別訴で
共に有罪とされるとしたならば二重処罰となる関係（その意味での非両立関係）
にあるときに「公訴事実の同一性」を肯定するのが相当との見解も有力である
（大澤裕・法教270号56頁及び272号85頁）。ただ、いずれの立場からも導かれる
結論にそれほど大きな違いはなく、結局のところ、裁判所の視点に立ち、訴因
変更ではなく別訴の提起によった場合に被告人の二重処罰にならないかという
ことを考慮しつつも、手続的な合理性を中心に考慮するのが相当のように思わ
れる（訴訟経済と被告人の利益との比較衡量）。

本事例では、6月30日の恐喝と7月1日の恐喝が「公訴事実の同一性」の範囲内にあるかが問題である。「同一性及び単一性」を基準とし、罪数関係すなわち両罪が併合罪関係にあるという点を重視すれば、公訴事実は同一（ないし単一）と言えず、訴因変更は許されないということになる。「非両立性」基準から、両事実が両立してしまうと考える、あるいは、「二重処罰関係」基準から、両事実は未だ二重処罰の関係にはないと考える場合も、同様の結論になろう。ただし、罪数関係や両立性の有無は二重処罰関係とは完全に同じ基準ではなく、あくまで二重処罰該当性ないし訴因変更の可否を考える上での下位基準に過ぎない。そこでまず、罪数評価において、10回の恐喝既遂事実は、併合罪関係ではなく、包括一罪関係にあるとの考えもあり得、この立場からは、公訴事実の同一性は失われていないとして、訴因変更を認めることは容易である（量刑面でも、併合罪より一罪とした方が被告人には有利である）。また、仮に併合罪関係にあるとの立場に立ったとしても、公判廷における証拠調べの結果、Vは6月30日の恐喝事実を否定した上、7月1日の恐喝事実が事実であると訂正しているのであるから、これを信用して事実認定をする以上、もはや両事実は両立しない、あるいは、別訴提起がなされた場合には二重処罰の関係にあると考え、訴因変更を認めることも可能なように思われる。

第 6 問

【問題点】
1　採血手段
2　別件逮捕・勾留
3　同種前科による犯人性立証（悪性格立証）

〔設問1〕

1　採 血 手 段

　採尿の場合と同様、刑訴法上、捜査のための採血について正面から規定した条文はない。しかし、強制処分の定義に照らして考えれば、本人（又は本人に代わる家族）の同意が得られた場合、任意の手続として、捜査上の必要性がある限り、医師によって採血することは可能と解される（相当な手段と言える）。この場合、捜査機関としては、医師、本人又は家族から採取した血液の任意提出を受ければよい。

　では、本人や家族の同意が得られない場合、捜査に協力するとの医師の判断として採血できるか。この点は、消極に解さざるを得ないであろう（仙台地判昭46・8・4判時653・121等）。治療目的の採血であれば、本人の同意が推定されるとも考えられるが、それ以外の目的の場合は本人の意思に反すると言わざるを得ない。

　したがって、結局、強制処分として、令状を要求すべきということになる。令状の種類については、身体検査令状と鑑定処分許可状を併用するのが相当である（上記仙台地判の控訴審である仙台高判昭47・1・25刑裁月報4・1・14は鑑定処分許可状によるべきとするが、それだけでは直接強制ができないことから、222条1項の準用する139条により直接強制ができるよう、身体検査令状も得ておくのが現在の実務である）。

　ただし、治療目的で採取した血液について、検査等治療行為に用いられた後、

残量が生じた場合は、これを差押令状で差し押さえることは可能であろう（最決平17・7・19刑集59・6・600は、尿の事案であるが、医師が医療目的で承諾なく採尿すること、その尿から薬物成分が検出された場合に警察に通報することのいずれも適法とする）。また、治療に使用した後の残量血液につき、医師からの任意提出も可能と思われる（通常残量血液は医療廃棄物として専門業者により廃棄されるため）。出血部を押さえるのに使用したガーゼ等も同様と思われる。

以上より、本事例においてKらは、甲の意識が回復した場合には甲の同意を得るよう努めるべきであるが、甲が意識を失っていた場合は、身体検査令状と鑑定処分許可状の発付を得て医師により採血すべきであろう。また、治療目的で採取した血液に残量が生じていた場合は、医師から任意提出を受けるか、差押令状を得て差し押さえることも考えられる。

〔設問2〕

2　別件逮捕・勾留

本事例において、Kらは、殺人未遂事件の被疑者として甲を捜査対象としていたところ、偶然発生した道路交通法違反・自動車の運転により人を死傷させる行為等の処罰に関する法律（以下「自動車運転死傷処罰法」という）違反により甲を逮捕勾留している。いわゆる別件逮捕・勾留として、違法なのではないか。

別件逮捕・勾留とは、その立場により定義も若干異なるものの、概ね、身柄拘束するに足りる証拠のそろっていない本件（本事例では殺人未遂）の捜査の過程で、身柄拘束のための証拠のそろった別件（本事例では自動車運転死傷処罰法違反等）による逮捕勾留を行うことなどとされる。学説上は、本件基準説（逮捕勾留の目的が本件の取調べにある場合は、本件についての司法審査を経ることなく実質的には本件について逮捕勾留していることになるので、令状主義・逮捕勾留期間制限の趣旨を潜脱するものであるとして違法とする立場）、別件基準説（本件の取調べを目的とする場合であっても、別件について身柄拘束の要件が具備されている以上、裁判官の令状発付及びそれに基づく逮捕勾留は適法であり、あとは別件逮捕・勾留中に本件〔＝余罪〕の取調べが許されるかどうか、つまり余罪取調べの限界の問題として考えるとの立場）、川出説（別件を被疑事実とする逮捕勾留の期間が、主として本件の捜査の

ため利用されている場合には、その身柄拘束は、令状に示された被疑事実による身柄拘束としての実体を失い、身柄拘束期間が主として利用された方の被疑事実による身柄拘束となっていると評価すべきであり、この場合には本件について身柄拘束の要件が欠け、裁判官の審査を経ていないので、違法な身柄拘束となると解する立場）等の間で大きな対立があるところである（古江 84 頁）。実務においては、令状審査に当たる裁判官が捜査機関の主観面まで判断することは困難であるとして別件基準説が通説であるとされているが、東京地決平 12・11・13 判タ 1067・283 のように、別件基準説に立ちつつも、「勾留としての実体を失い」等の言い回しを用いた裁判例も存在する。

　本事例では、いずれの立場においても、以下の各点の検討が必要であろう。

①捜査機関の主観的意図としては、本件（殺人未遂）について取り調べる目的もあったと思われる（実際、勾留期間の最後の 2 日間は、殺人未遂事実による取調べを実施している）こと。

②他方、別件（自動車運転死傷処罰法違反等）については逮捕勾留の要件を満たしていたことから裁判官から令状発付がなされ、起訴価値もあった（実際に起訴もされている）こと。

③別件と本件との関係は基本的にあまりないが、飲酒下の事件という点での共通性は認められること。

④取調べにおいて、8 日目までは専ら別件（自動車運転死傷処罰法違反等）、9 日目と 10 日目に取調受忍義務がないことも告げた上、約 3 時間ずつ本件（殺人未遂）の取調べが行われていること。

　以上から、本事例における甲の逮捕勾留は実務の通説である別件基準説に立つ限り、適法と思われるが、よって立つ見解により、全く異なる結論もあり得るのであるから、仮に別件基準説に立つ場合であっても、実体要件（つまり逮捕の理由・必要性と勾留の理由・必要性）のみ検討するのでは不十分である。令状主義違反・期間潜脱との本件基準説の問題意識にも配慮しつつ、余罪取調べの問題（最決昭 52・8・9 刑集 31・5・821 参照）についても、見解によっては余罪取調べの適法性が逮捕勾留の適法性に影響すると考える立場もあることから、一応の検討が必要である。余罪取調べの法的限界についても諸説あるが、密接関連事実や同種事犯、余罪が軽微な場合、被疑者が自ら積極的に余罪について供

述する場合等には許容される（酒巻96頁）。本事例では、供述拒否権や取調受忍義務のないことを告げられた甲が一定の供述を行っており、余罪取調べにおいて少なくとも逮捕勾留の適法性に影響するような違法までは認められないのではないかと思われる。

〔設問 3〕

3　同種前科による犯人性立証（悪性格立証）

　P は、公判前整理手続において、前科調書、前科にかかる判決謄本、最終前科時の供述調書の謄本につき、「前科の存在及び内容、甲には飲酒の上粗暴になる傾向があること等」との立証趣旨で証拠調請求し、証明予定事実記載書においても、甲には飲酒の上粗暴になる傾向があることを、殺人未遂事件の犯人性を立証する間接事実の 1 つとして主張している。このような立証は、同種前科や被告人の悪性格を犯人性の立証に利用するものとして許されないのではないか。

　被告人の悪性格の証拠は、不当偏見の危険、不公正な不意打ちの危険、争点混乱の危険があることから、検察官が犯罪行為の証明に用いることは原則として許されず、法律的関連性が否定されるとするのが通説である。刑訴法は裁判官の予断・偏見のおそれを前提とする規定を置いており（256 条 6 項・296 条・301 条等）、職業裁判官といえども判断を誤るおそれがあるとの前提に立つものと解される。しかし、悪性格の証拠も、自然的関連性（証拠としての価値）を有する場合があることも事実であるから、全面的に証拠能力を否定すべきではなく、前科や常習性が構成要件の一部となっている場合、故意・目的・動機・知情など犯罪の主観的要素を証明する場合、前科の存在やその内容が公訴事実と密接不可分に関連している場合、特殊な手口による同種前科の存在により犯人と被告人との同一性を証明する場合などには例外的に許容されるとも主張されてきた（古江 257 頁）。このような中、最判平 24・9・7 刑集 66・9・907 は、「前科も一つの事実であり、前科証拠は、一般的には犯罪事実について、様々な面で証拠としての価値（自然的関連性）を有している。反面、前科、特に同種前科については、被告人の犯罪性向といった実証的根拠の乏しい人格評価につな

がりやすく、そのために事実認定を誤らせるおそれがあり、また、これを回避し、同種前科の証明力を合理的な推論の範囲に限定するため、当事者が前科の内容に立ち入った攻撃防御を行う必要が生じるなど、その取調べに付随して争点が拡散するおそれもある。したがって、前科証拠は、単に証拠としての価値があるかどうか、言い換えれば自然的関連性があるかどうかのみによって証拠能力の有無が決せられるものではなく、前科証拠によって証明しようとする事実について、実証的根拠の乏しい人格評価によって誤った事実認定に至るおそれがないと認められるときに初めて証拠とすることが許されると解するべきである。本件のように、前科証拠を被告人と犯人の同一性の証明に用いる場合についていうならば、前科に係る犯罪事実が顕著な特徴を有し、かつ、それが起訴に係る犯罪事実と相当程度類似することから、それ自体で両者の犯人が同一であることを合理的に推認させるようなものであって、初めて証拠として採用できるものというべきである」として、前科証拠から犯人性を推認する場合には厳格な要件の下でのみ許容されているとの立場を明らかにした。最決平25・2・20刑集67・2・1も、審理を受けていない余罪についての証拠について、同様の見解に立つものと思われる。

　そこで本事例でも、前記平成24年最判同様、前科証拠から犯人性を推認する場合であるから、「顕著な特徴」「相当程度類似」との規範に照らし検討するに、本事例殺人未遂と前科傷害事件とでは、飲酒した状態で他人を刃物で傷つけたという点に類似性が認められる。問題は、「顕著な特徴」「相当程度類似」とまで言えるかであるが、この点については、両方の結論があり得よう。不当偏見の危険、不公正な不意打ちの危険、争点混乱の危険という悪性格立証の問題点に鑑みると、慎重を期して否定するのが相当であるように思われる。検察官が「甲には飲酒の上粗暴になる傾向があること」との立証趣旨で前科調書・判決謄本・前科の際の甲の供述調書につき証拠調請求したのに対しては、証拠能力を認めるべきではなく、犯人性立証の間接事実として主張することも相当性を欠く（なお、前記各判例が厳格な要件を示したのは犯人性立証の場面であり、量刑を判断するための情状証拠としては、少なくとも前科調書・判決謄本が必要不可欠の証拠であることは言うまでもない）。

第 7 問

【問題点】
1 令状による捜索差押え（必要な処分、令状呈示）
2 パソコンの差押え（関連性判断等）
3 前科による立証（主観面）

〔設問 1〕

1 令状による捜索差押え（必要な処分、令状呈示）

　Nらは、捜索差押許可状の発付を得て、甲方の捜索差押えを実施しているが、実施に当たり、合鍵を入手して甲方に立ち入り、また、立ち入った後で令状を呈示するなどしている。これらの行為は適法か。

　捜査機関の行う捜索差押えについては、218条1項に規定されているが、222条を介して99条以下の規定（裁判所による押収及び捜索の規定）が多数準用される。111条1項の「差押状、記録命令付差押状又は捜索状の執行については、錠をはずし、封を開き、その他必要な処分をすることができる」との規定も、222条により218条1項に基づく捜索差押えに準用されているが、合鍵を入手して立ち入る行為は「必要な処分」に当たるか。

　覚醒剤取締法違反に関する最決平14・10・4刑集56・8・507は、「ホテル客室のドアをマスターキーで開けて入室した措置は、捜索差押えの実効性を確保するために必要であり、社会通念上相当な態様で行われていると認められるから、刑訴法222条1項、111条1項に基づく処分として許容される」と判示し、ホテル客室におけるマスターキーでの入室が許容されるとしている。この判例にいう「社会通念上相当な態様」とは、対象者の被る法益侵害の程度が、措置の必要性と合理的に権衡した行為態様を意味すると解されている（酒巻118頁）。

　本件では、ホテルの支配人からマスターキーを借り受けたのではなくアパートの大家に合鍵を借り受けて入室したという点と、事案が覚醒剤事案ではなく

詐欺事案という点が、判例とは異なり、アパートの大家の持つ管理権はホテルの支配人の持つ管理権より著しく弱い、あるいは罪証隠滅の危険性が覚醒剤取締法違反と詐欺とでは著しく異なると考えると、判例の射程が及ばない可能性も出てくるが、基本的には同様に解してよいものと思われる。ホテルであってもアパートであっても捜索差押えの実効性確保の必要は認められるからである。

　次に、立ち入った後で令状を呈示している点についてはどうか。111条1項は「差押状、記録命令付差押状又は捜索状の執行について」としているが、「執行について」が執行前にも及ぶか。捜索の執行着手とは通常、令状呈示時点と解される（222条1項により準用される110条は「差押状、記録命令付差押状又は捜索状は、処分を受ける者にこれを示さなければならない」と規定している。時期についての明文規定はないが、令状呈示の趣旨が「手続公正の担保」と「処分を受ける者の人権への配慮」にあり、被処分者による裁判官の意思の確認と、不服申立の機会確保の必要から、事前呈示が原則とされる）から、問題となる。では、令状の事前呈示の原則の例外は認められるか、認められるとすればどのような場合か。この点、前記平成14年最決は、「同〔刑訴〕法222条1項、110条による捜索差押許可状の呈示は、手続の公正を担保するとともに、処分を受ける者の人権に配慮する趣旨に出たものであるから、令状の執行に着手する前の呈示を原則とすべきであるが、前記事情〔＝捜索差押許可状執行の動きを察知されれば、覚醒剤事犯の前科もある被疑者において、直ちに覚醒剤を洗面所に流すなど短時間のうちに差押対象物件を破棄隠匿するおそれがあった〕の下においては、警察官らが令状の執行に着手して入室した上その直後に呈示を行うことは、法意にもとるものではなく、捜索差押えの実効性を確保するためにやむを得ないところであって、適法というべきである」として、必要な場合に相当な限度で事前呈示の原則の例外を認め得るとする。

　本件は、詐欺事件であり、覚醒剤事件とは異なるが、名刺・文書や電子データも、短時間での隠匿・処分が容易である（隠す、丸める、燃やす、消去する等）。他方、甲は訪ねてきたNらの呼びかけに答えず、玄関ドアを開けないことなどからすると、捜索に協力しない可能性が高く、合鍵を使用して甲方内に入ってからは、奥の6畳間に1人でいた甲のところに行き速やかに令状を呈示したものと認められるから、令状の事前呈示の原則の例外として適法と言い得るの

ではないか。

　なお、本件では、甲により令状が破棄されているが、令状呈示の意義が前記のとおり「手続公正の担保」と「処分を受ける者の人権への配慮」にあることからすれば、令状呈示の程度は、被処分者がその記載内容を了知（閲読・認識）し得るような状態、方法でなされればよく、被処分者が令状による捜索差押えの執行であることを認識しながら、令状の閲読を拒んだり、破棄したりした場合には、その後の呈示はなくとも捜索差押えを継続できるというべきである。捜査機関において閲読・認識の機会を与えようとしたにもかかわらず、被処分者が呈示を受ける権利を放棄したと解されるためである。

2　パソコンの差押え（関連性判断等）

　Ｎらは、甲方において、ノートパソコンを内容を確認せず直ちに差し押さえているが、適法か。

　まず、ノートパソコンは、捜索差押目的物に当たるか。捜索差押許可状には「差し押さえるべき物」として「本件に関係のある名刺、領収書綴り、ノート、メモ、電子データ記録媒体、工事資材・部品」との記載しかなく、問題となる。

　219条1項は、捜索差押許可状に記載すべき事項として、被疑者（被告人）の氏名、罪名、差し押さえるべき物、記録（印刷）させるべき電磁的記録・記録（印刷）者、捜索すべき場所・身体・物、有効期間等を挙げる。これは、憲法35条が令状主義を規定し、「正当な理由」・「捜索場所・押収物の明示」（同条1項）、「司法官憲による各別の令状」（同条2項）を要件としているからである。すなわち、被疑事実との関連性と、対象の明示・特定、司法機関による審査手続という厳格な要件を付すことにより被処分者の権利保護を図ろうとしたのである（井上正仁「令状主義の意義」争点74頁）。逆に言えば、これら要件は実質的に解することが可能であり、この見地から、最大決昭33・7・29刑集12・12・2776は、被疑事件の罪名における適用法条までは示す必要はないとし、「本件に関係ありと思料せられる一切の文書及び物件」との記載についても、具体的な例示に付加されたものであるとして、物の明示に欠けるところがあるということもできないとする。

　本件では、令状主義を厳格に解し、ノートパソコンは捜索差押許可状の「差

し押さえるべき物」欄に記載がないから差押えは許されないとするのも１つの論理的帰結であろうが、前記令状主義の実質的趣旨から、関連性・特定・令状手続の要件が守られていればよく、ノートパソコンが本件と関連性を有する（令状裁判官の審査対象にはノートパソコンも含まれていたと考える）ことを前提に、令状記載の対象物も特定されている上、令状手続も遵守されているのであるから、「本件に関係のある名刺、領収書綴り、ノート、メモ、電子データ記録媒体、工事資材・部品」との記載のうちの「電子データ記録媒体」に含まれる、あるいはそうでなくともこの記載に類するものとして（「その他本件に関係ありと思料せられる一切の文書及び物件」との記載が欠けるとしても、その記載の有無により差押えの当否が変わるのは相当でないとして）適法に差押えができるとも考えられる。

　次に、ノートパソコンが捜索差押許可状の差押目的物に含まれるとして、内容を確認せず直ちに差し押さえたことは適法か。

　上記検討から、差し押さえるに当たっては、被疑事実との関連性が必要不可欠であり、逆に言えばいくら形式的に差押目的物に該当しても関連性がないものを差し押さえることはできない。したがって、令状を執行する捜査機関においては、差押えに当たっては、被疑事実との関連性判断が常に求められている。ノートパソコンとて同様である。ただし、パソコンのような電子データを含む機器については、①一見して容易にその内容を把握することは困難である（可視性・可読性に乏しい、大量のデータを含み得る）、②簡単な操作でデータを消去・隠匿し得る（罪証隠滅が容易である）、等の特色があり、捜索差押えの現場において関連性を判断することは容易ではない（リーガルクエスト 136 頁）。そこで、最決平 10・5・1 刑集 52・4・275 は、「令状により差し押さえようとするパソコン、フロッピーディスク等の中に被疑事実に関する情報が記録されている蓋然性が認められる場合において、そのような情報が実際に記録されているかをその場で確認していたのでは記録された情報を損壊される危険があるときは、内容を確認することなしに右パソコン、フロッピーディスク等を差し押さえることが許されるものと解される」として、例外的に内容を確認せず差し押さえることができる場合があることを認めている。この点、下級審裁判例（大阪高判平 3・11・6 判タ 796・264）には包括的差押えが許されるかのような表現によ

るものもあり、また、上記判例についても、電子データ等について関連性の枠を拡大したとの解釈も存在するが、いずれも憲法 35 条の趣旨に鑑み相当ではないと思われる。上記判例は、一定の要件の下に一部例外を認めたに過ぎないというべきであろう。

　本件につきこれを見るに、甲方に存在するノートパソコンであるから、本件詐欺に使用した画像データや文書データが含まれている蓋然性は認められる。そして、甲は捜索が始まるとノートパソコンの配線を取り外そうとするなどしており、データの消去・隠匿や、データを保存してあるノートパソコン自体の破壊等、記録された情報の損壊の危険が認められる。したがって、内容を確認せずに差し押さえた N らの措置も未だ違法とはいえないであろう。

〔設問 2〕

3　前科による立証（主観面）

　検察官は、本件と同種手口による詐欺前科の内容を記載した判決謄本につき、「被告人の犯意等」との立証趣旨で証拠調請求している。前科（悪性格）による立証として、許されない（法律的関連性を欠く）のではないか。

　悪性格立証の問題点については、**第 6 問 3**参照。

　本件に最判平 24・9・7 刑集 66・9・907 及び最決平 25・2・20 刑集 67・2・1 の射程が及ぶかであるが、消極と解すべきである。これら判例は、犯人性の立証（被告人と犯人の同一性の証明）についての判例であって、被告人の犯人性の証明のためではなく、専ら犯罪の主観的要素を証明するためであれば、当該被告人の過去の類似行為を立証することは許されるとするのが通説である（リーガルクエスト 363 頁）。最決昭 41・11・22 刑集 20・9・1035 は、「犯罪の客観的要素が他の証拠によつて認められる本件事案の下において、被告人の詐欺の故意の如き犯罪の主観的要素を、被告人の同種前科の内容によつて認定した原判決に所論の違法は認められない」として、被告人の同種前科の内容によって詐欺の故意という犯罪の主観的要素を認定することを許容している。ただし、同判例においては、同種前科の存在により違法性の認識を有していたこと、あるいは被害者が誤信するであろうとの認識を有していたことの推認をするのみ

であったために許容されたに過ぎず、同判例の射程については慎重に解すべきとの見解も有力である。

　本件では、甲がV供述どおりの文言をVに対して告げ100万円を受け取ったことは認めている前提で、「騙すつもりはなかった。自分としては、工事は耐震補強として意味のあることだと思っているし、仮にそうでないという意見の専門家がいたとしても、自分は詐欺をはたらくつもりはなかったのだから無罪だ」と主張しているものであり、前科も本件同様にリフォーム工事名目に無意味な工事を行い代金を騙し取るという手口であったというのであるから、工事が意味のあることだと思っていた、あるいは詐欺をはたらくつもりがなかった、との被告人供述に信用性がないことを推認することは極めて合理的である。したがって、同種前科による立証が許容される例外的場面と解し得る。

第 8 問

【問題点】
1 接見交通
2 自白法則（約束自白・偽計自白）
3 派生証拠

〔設問1〕

1 接 見 交 通

　M及びPは、Nの接見の求めに関し、直ちに接見することはできないとした上で、後刻の接見を指定している。そもそも接見指定をすることは許されるか、許されるとしても本件指定内容は適切なものであったか。

　まず、接見指定自体の可否については、39条3項本文の「捜査のため必要があるとき」の解釈が問題となる。この点、①限定説（被疑者を現に取り調べているときや、実況見分、検証等の立会いのため捜査官が被疑者の身体を現に利用しているときに限られる）、②準限定説（限定説が挙げる場合に加え、取調べを開始しようとしているときや、被疑者が実況見分、検証等の立会いのため当該場所に赴こうとしているときをも含む）、③捜査全般必要説（限定説、準限定説が挙げる場合はもとより、弁護人等を通じた罪証隠滅、共犯者との通謀の防止等をも含めて広く捜査全般の必要性をいう）等の見解が存在する（古江158頁）が、最大判平11・3・24民集53・3・514は、「捜査のため必要があるとき」の解釈につき、「接見等を認めると取調べの中断等により捜査に顕著な支障が生ずる場合に限られ、……弁護人等から接見等の申出を受けた時に、捜査機関が現に被疑者を取調べ中である場合や実況見分、検証等に立ち会わせている場合、また、間近い時に右取調べ等をする確実な予定があって、弁護人等の申出に沿った接見等を認めたのでは、右取調べ等が予定どおり開始できなくなるおそれがある場合などは、原則として右にいう取調べの中断等により捜査に顕著な支障が生ずる場合に当たると解す

べきである」と判示しており、前記各見解のうち、②準限定説に親和的と解される。

　本件では、M及びPによる接見指定が問題となっているところ、Nが訪れたのは実際に弁解録取中又は弁解録取開始直前のことであり、前記判例の立場に立つのであれば、接見指定自体は可能と思われる。

　しかし、刑訴法39条3項但書は、「但し、その指定は、被疑者が防禦の準備をする権利を不当に制限するようなものであつてはならない」と規定している。指定自体が許されるとしても、指定内容も適法なものでなければならないとの趣旨である。最判平12・6・13民集54・5・1635は、「弁護人となろうとする者と被疑者との逮捕直後の初回の接見は、身体を拘束された被疑者にとっては、弁護人の選任を目的とし、かつ、今後捜査機関の取調べを受けるに当たっての助言を得るための最初の機会であって、直ちに弁護人に依頼する権利を与えられなければ勾留又は拘禁されないとする憲法上の保障の出発点を成すものであるから、これを速やかに行うことが特に重要である。したがって、右のような接見の申出を受けた捜査機関としては、前記の接見指定の要件が具備された場合でも、その指定に当たっては、弁護人となろうとする者と協議して、即時又は近接した時点での接見を認めても接見の時間を指定すれば捜査に顕著な支障が生じるのを避けることが可能かどうかを検討し、これが可能なときは、留置施設の管理運営上支障があるなど特段の事情のない限り、犯罪事実の要旨の告知等被疑者の引致後に直ちに行うべきものとされている手続及びそれに引き続く指紋採取、写真撮影等所要の手続を終えた後において、たとい比較的短時間であっても、時間を指定した上で即時又は近接した時点での接見を認めるようにすべきであり、このような場合に、被疑者の取調べを理由として右時点での接見を拒否するような指定をし、被疑者と弁護人となろうとする者との初回の接見の機会を遅らせることは、被疑者が防御の準備をする権利を不当に制限するもの」であると判示し、特に初回接見の場面において、指定内容が弁護人の防御権を不当に制限するものであってはならないとする。

　本件で、Nが求めたのはいわゆる初回接見である（なお、内妻には弁護人選任権はなく、Nの立場は「弁護人となろうとする者」であるが、初回接見の重要性に変わりはない）ところ、まずMの指定内容について見ると、Mは、「現在、弁解録

取の手続中です。引き続き、指紋採取手続、更に身上経歴についての取調べと、逮捕事実の概要についての取調べが予定されていますので、接見はそれらの終わる午後4時までお待ちください」と告げている。これら初期段階の捜査手続は、いずれも必要性が認められるが、他方、前記判例等で示された初回接見の重要性に鑑みると、これらの手続の合間に短時間でも接見の時間を確保できないか、Nと協議することはできたのではないかと思われ、違法と解される。また、Pの指定内容について見ると、Pは「もう5分もすれば弁解録取が始まります。その後は裁判所の勾留質問がある上、検察庁と裁判所には立会人なしに接見できる設備がありませんので、お引き取り下さい。午後6時頃には、L警察署に戻っているはずです」と告げている。検察官及び裁判官の弁解録取・勾留質問は法定された不可欠の手続であり、また、庁舎内に立会人なしに接見できる設備がないことは、接見を拒む理由たり得るが、弁護人において、いわゆる面会接見（検察事務官や押送担当警察官の立会いの下短時間接見すること）を求める場合もあり得る（最判平17・4・19民集59・3・563参照）から、やはり初回接見の重要性に鑑み、少なくともNと協議することはできたのではないかと思われ、こちらも違法ないし少なくとも不適切だったと解される。

〔設問2〕

2 自白法則（約束自白・偽計自白）

　甲は、乙の関与について否認していたが、Mらから、「接見禁止中だが、内妻に会わせてやってもよいぞ」などと言われ、また、乙の供述内容について虚偽を告げられ、乙の関与を含め自白しているが、このような自白に証拠能力は認められるか。

　319条1項は、「強制、拷問又は脅迫による自白、不当に長く抑留又は拘禁された後の自白その他任意にされたものでない疑のある自白は、これを証拠とすることができない」として、自白法則を定めている。その趣旨については、**第1問4**参照。通説的見解は、虚偽排除及び人権擁護の双方の観点から証拠排除を求めるいわゆる任意性説か、違法収集証拠排除法則を自白にも適用する違法排除説であろう。その上で、本件（いわゆる約束による自白と、偽計による自

白）の証拠能力につき検討する。

　まず、接見禁止中の被疑者に対し、内妻との接見をさせてやる旨の約束について、任意性説に立ち、虚偽排除の観点から、約束の主体や約束内容、因果関係等につき見るに、接見禁止は裁判官による決定であるが（207条1項・81条）、警察の留置施設に留置されている被疑者にとっては、警察官が事実上接見させてやると約束すれば、その相手が自己にとって重要な家族等の場合、接見を期待して虚偽の供述をする危険が認められ、任意性に疑いが生じるというべきであろう（なお、同じく任意性説のうち人権擁護の観点からは、接見禁止中の被疑者の家族等に会いたいという心情を逆手にとって供述を迫る方法について、被疑者の人権を侵害するという考えと、黙秘権〔供述の自由〕侵害までには至っておらず、この観点からの排除は困難という考えとがあろう）。他方、違法排除説からは、約束の違法性を検討することになるところ、一般的には、取調べに際して約束をすること自体、常に違法とは言いがたいが、本件のように、接見禁止中の被疑者に対し警察官が勝手に接見を許可することは裁判官による決定に反するものであって、やはり違法性が認められるから、自白の証拠能力は排除されるであろう。最判昭41・7・1刑集20・6・537は、検察官が起訴猶予にする旨の約束をした事案につき、「本件のように、被疑者が、起訴不起訴の決定権をもつ検察官の、自白をすれば起訴猶予にする旨のことばを信じ、起訴猶予になることを期待してした自白は、任意性に疑いがあるものとして、証拠能力を欠くものと解するのが相当である」としているところ、約束の違法性を認定せず、被疑者の心理への影響を考慮しているため、任意性説のうち虚偽排除の観点を重視したものと解されている。

　次に、共犯者の供述内容について虚偽を告げた点につき、任意性説のうち虚偽排除の観点から、告げられた虚偽の内容や、被疑者の側がいかなる心理的強制を受けてその結果どのような自白をしたかを見るに、Mらは、「乙に任意で話を聞いたら、『甲に脅されて無理やりやった』と言っているぞ」などと告げており、真実は乙への聴取は未だ実施していなかったというのであるから、客観的に虚偽である上、甲に対し、乙にとって不利益な内容の供述をするよう仕向けるものと言える。実際、甲は、兄貴分に当たる乙から裏切られたという心情に陥り、結果、乙から指示されたという内容の自白をしているのであって、

任意性は否定されよう（任意性説のうち人権擁護の観点からは、前記同様に、甲の兄貴分である乙の虚偽供述内容という、甲への心理的影響の強い虚偽をあえて告げ、実際に乙から指示された旨の自白を得た点につき、甲の人権侵害に至っているという考えと、未だ黙秘権〔供述の自由〕侵害には至っていないという考えとがあろう）。他方、違法排除説の観点からは、偽計を用いた取調べが違法であったかを検討することとなり、必ずしも違法とは言えないとの見解もあり得るが、通常は、偽計の内容や被疑者に対する影響の大小等を踏まえ、軽微とは言えない偽計を用いる取調方法自体に違法があるとして、自白の証拠能力を否定するものと思われる。

　最大判昭 45・11・25 刑集 24・12・1670 は、「思うに、捜査手続といえども、憲法の保障下にある刑事手続の一環である以上、刑訴法 1 条所定の精神に則り、公共の福祉の維持と個人の基本的人権の保障とを全うしつつ適正に行なわれるべきものであることにかんがみれば、捜査官が被疑者を取り調べるにあたり偽計を用いて被疑者を錯誤に陥れ自白を獲得するような尋問方法を厳に避けるべきであることはいうまでもないところであるが、もしも偽計によつて被疑者が心理的強制を受け、その結果虚偽の自白が誘発されるおそれのある場合には、右の自白はその任意性に疑いがあるものとして、証拠能力を否定すべきであり、このような自白を証拠に採用することは、刑訴法 319 条 1 項の規定に違反し、ひいては憲法 38 条 2 項にも違反するものといわなければならない」とし、主に心理的強制、虚偽の自白が誘発されるおそれ等から任意性を判断しているものと思われる。

〔設問 3〕

3 派生証拠

　いずれの見解からも、本件において甲の自白は、319 条 1 項の任意性が否定され、証拠能力が否定されるものと思われるが、そのような自白をもとに発見された犯行メモ及び現金 100 万円（証拠物）の証拠能力については、どのように考えればよいか。319 条 1 項は、このような派生証拠の証拠能力についてまで明文で規定していないので、問題となる。

　自白法則についてのいわゆる任意性説のうち、虚偽排除の観点からは、派生

証拠自体に虚偽（あるいはその危険）が含まれていない場合は、排除は困難と言わざるを得ず、派生証拠が証拠物の場合にはほとんど排除できないことから、結論の妥当性に疑問が生じる。他方、人権擁護の観点からは、自白獲得に黙秘権（供述の自由）への侵害が認められる場合は、派生証拠についてもその証拠能力を否定しなければ黙秘権（供述の自由）の保障は困難であるので、派生証拠についても排除の余地があろう。さらに、違法排除説からは、自白法則は違法収集証拠排除法則の自白版に過ぎないと考えることから、派生証拠についても、いわゆる毒樹の果実論を使うことができ、自白（第1次証拠）と派生証拠との間の因果性（関連性）の程度を中心に、自白（第1次証拠）獲得時の違法性の程度、派生証拠の重要性や事件の重大性等を考慮して排除の有無を検討することになろう（田宮裕『刑事訴訟法〔新版〕』〔1996〕405頁等）。

　近時、高裁レベルの裁判例であるが、自白についても違法収集証拠排除法則を適用するものがあり（東京高判平14・9・4判時1808・144、東京高判平25・7・23判時2201・141等）、このような二元的適用については、自白法則と違法収集証拠排除法則の適用先後関係をどのように解すべきか等、理論的に解決すべき問題を残すものの、自白法則につき任意性説（特に虚偽排除の観点）に立ちつつ派生証拠を排除することのできる1つのアプローチといえよう。

　本件であるが、いずれの立場からも、犯行メモ及び現金100万円と先立つ自白との間には強い関連性が認められ、約束と偽計の併用という自白獲得手段の著しい不当性に鑑みれば、派生証拠たる犯行メモ及び現金100万円についても証拠能力を否定すべきというのが原則と思われるが、他方、これら証拠物は甲方に対する捜索において通常の方法により発見することが容易との評価をする場合（①本件事案の性質に鑑み、甲供述がなくとも甲方の捜索は必須の捜査であり、かつ②甲供述がなくとも、甲方の捜索令状は容易に発付されたであろうことを前提とする）は、自白との関連性・因果性は希薄であり、また、本件の重大性やこれら証拠物の証拠価値にも鑑み、証拠能力を排除するには至らないとの評価もあり得よう（特に、本問では問われていないが、乙の公判廷における証拠となった場合の証拠能力については、甲の公判廷における証拠能力と別に解する余地もあろう）。

第 9 問

【問題点】
1　職務質問と有形力行使
2　準現行犯逮捕
3　伝聞（検察官面前調書・録音・録画記録媒体）

〔設問1〕

1　職務質問と有形力行使

　N及びOは、強盗発生との110番通報内容の無線連絡を受け、警ら用自動車で犯人を捜す途中、2人組の男を見つけて声をかけ、逃走しようとした男を追いかけた上、数m先で肩をつかんで停止させるなどしている。警察官職務執行法（警職法）2条1項は、「警察官は、異常な挙動その他周囲の事情から合理的に判断して何らかの犯罪を犯し、若しくは犯そうとしていると疑うに足りる相当な理由のある者又は既に行われた犯罪について、若しくは犯罪が行われようとしていることについて知っていると認められる者を停止させて質問することができる」と規定するところ、本件のN及びOの行為は適法な職務質問及びそれに附随する有形力行使と言えるか。

　行政警察活動たる職務質問は、警職法により強制にわたらない限り（同法2条3項参照）認められている。本件の職務質問は、制服を着用し職務中（警ら中）のN及びOにおいて、強盗事件発生の約30分後、通報内容に沿う逃走方向である東に約2km離れた路上で、無線連絡で伝達された犯人の特徴である黒と白のジャージ着用の男2人組に対し行われ、うち1人は声をかけたところ走って逃走しようとしており、犯罪を犯したと疑うに足りる相当な理由があり、あるいは犯罪につき知っていると認められる者と言えるから、職務質問の要件は充足している。

　では、数m追いかけ、肩をつかんで停止させた点はどうか。職務質問の際、

有形力の行使は許されないとする説もあるが、警職法2条3項は「身柄を拘束」すること等を禁止しており、それに至らない有形力の行使はあり得ることや、同条1項の職務質問権、停止措置権限を実効的なものたらしめるためには、一定限度の有形力の行使は許されると解する立場が有力である（最決昭53・9・22刑集32・6・1774、最決平6・9・16刑集48・6・420等）。職務質問の際の有形力行使が許されると考える場合、その限界も問題となるが、①第1段階として、そもそも身柄拘束その他強制にわたらないこと、②第2段階として、目的達成のために当該手段を用いる必要性と、権利利益の制約等の弊害を衡量し、具体的な状況において相当限度内であること（警察比例の原則）が必要であろう（リーガルクエスト55頁）。職務質問に伴う所持品検査及び任意同行の限界については、**第2問1及び2**参照。

本件では、Nは、黒いジャージの男（甲）が走って逃走しようとしたのを追いかけ、数m先で肩をつかんで停止させたとの態様であり、身体への直接的な接触はごく短時間と思われ、そもそも強制処分たる身柄拘束には至っていないと解される。また、強盗という重大事件が発生し、犯人が未検挙であるところ、事件発生から時間・場所が近接し、方向も逃走方向と同一であること、2人組でかつそれぞれの特徴が符合すること、甲が逃走も図っていること等から、職務質問を行う必要性・緊急性が高度なのに対し、態様は数m追いかけた上、肩をつかんで停止させるというもので、職務質問権を実効的なものたらしめる相当な限度内のものと認められる。なお、Oにおいて乙の所持するレジ袋の外側からレジ袋を触る行為を行っているが、この点も同様の見地から職務質問に附随する所持品検査の相当限度内の行為であろう。

2　準現行犯逮捕

次に、N及びOは、甲及び乙を212条2項に基づき準現行犯逮捕しているが、適法か。準現行犯逮捕の要件については、同条同項の文言及び令状主義の例外として令状審査に代わる明白性が必要であることから、①（同条同項の）各号の1つに該当すること、②時間的近接性とその明白性、③犯罪と犯人の明白性が要件と解される。なお、上記要件を満たすかの判断に当たり、客観的資料のみから判断する必要があるか（被疑者の自認供述等を判断資料とし得るか）につい

ては、現行犯逮捕の場合にも同様の議論が存在するが、客観的状況を補充する
ものとして供述を判断資料とすることは可能との考えが現実的であろう（古江
54頁、最決平8・1・29刑集50・1・1）。

　本件では、①各号該当性について、1号・3号は認めがたいが、甲がニット
帽を所持していたこと、乙がレジ袋（外側から触って紙のようなものの中に硬い金
属様の感触あり）を所持していたことから2号該当性が、声をかけられた甲が
走って逃走しようとしたことから4号該当性がある。なお、2人組の場合に1
人につき認められる各号該当性をもう1人についても認め得るかという問題も
あり、各号該当性は前記のとおり明白性を担保するためのものと考えると、肯
定する余地もあろう。②時間的近接性とその明白性について、逮捕は事件発生
から約50分後に、現場から約2km離れた職務質問実施場所でなされている。
③犯罪と犯人の明白性については、上記①、②に加え、2人組のコンビニエン
スストア強盗との110番通報があり、甲と乙は2人組であって、逃走方向も東
で合致し、甲が通報内容と合致する黒いジャージ上下を着用していたこと、乙
が同様に白いジャージ上下を着用し、長髪であったこと、甲が2人で強盗を
したことを認めたこと、乙がレジ袋の中身を覗かれないような行動をとったこと
などから、総合考慮の結果、準現行犯逮捕の要件を満たし適法と言えるのでは
ないか。

　なお、逮捕に伴い、捜索差押えも実施されているが、逮捕の現場において、
逮捕直後に行われており、①相当説（合理性説）、②緊急処分説（限定説）いず
れの見地からも、甲のジャージのポケット内からカッターナイフを、乙のレジ
袋内から紙幣、硬貨及びマスクを差し押さえた手続に特に問題はないものと思
われる。

〔設問2〕

3　伝聞（検察官面前調書・録音・録画記録媒体）

　伝聞証拠の定義、伝聞法則の趣旨については、**第1問5**参照。

　本件において、Qが甲の〈供述調書〉及び録音・録画記録媒体たるDVDを
証拠調請求する際の立証趣旨は、「乙と共に犯行に及んだこと」（事前共謀・共

同実行事実）等と解され、その供述内容の真実性を立証しようとするものと思われる。これらが伝聞証拠に当たることは明らかである。

　では、伝聞例外として、いかなる要件を検討すべきか。まず、前提として、共犯者や共同被告人が 322 条にいう「被告人」に含まれるか、という問題があるが、否定すべきである。321 条の「被告人以外の者」とは、当該書面の証拠調請求を受け又は請求した被告人本人以外の者という意味であり、被害者・目撃者等の第三者のみならず、共犯者・共同被告人も「被告人以外の者」に当たると解されるからである（最決昭 27・12・11 刑集 6・11・1297、最判昭 28・6・19 刑集 7・6・1342 等）。

　では、321 条 1 項 2 号の適用要件を満たすか。同号本文後段の「前の供述と相反するか若しくは実質的に異なつた供述」とは、それ自体又は他の証拠と相まって要証事実との関係で異なった認定を導くものをいうと解されている（リーガルクエスト 394 頁）。また、同号但書では「公判準備又は公判期日における供述よりも前の供述を信用すべき特別の情況の存するときに限る」とされているが、公判準備又は公判期日における供述に比較して、検察官の面前における供述の方がより「信用すべき特別の情況」があれば足りる相対的特信状況であると解されており、その判断基準については、証拠能力の要件であるから供述がなされた際の外部的附随事情であるとし、この外部的附随事情を推知させる資料として、副次的には供述内容を参酌することも許されると解されている（最判昭 30・1・11 刑集 9・1・14）。

　本件では、まず、相反性の観点であるが、乙の公判廷における甲の供述は、事前共謀の存在や乙の犯行への関与が要証事実になると解されるところ、甲の検察官の面前における〈供述調書〉は、この点につき詳細な供述がなされており、同供述から要証事実を優に認定し得るのに対し、乙の公判廷での甲の供述は、「事件のことはよく覚えていない」「共犯者のことは言いたくない」「乙が逮捕直前に自分と会ったと言っているなら、そうだったかもしれない」などというもので、同供述では要証事実を認定することは困難であることから、両供述は異なった認定を導くものとして、相反性の要件を満たす。次に、特信情況につき、乙は、甲の中学時代の先輩に当たり、暴力団関係者でもあるから、甲が乙の公判廷において、心理的圧迫から乙に対して不利益な供述をすることが

困難な情況が認められる上、甲の公判供述の内容それ自体を見ても、乙の供述に合わせるような姿勢が見えるなど不自然・不合理なもので、乙からの心理的圧迫の存在を推知させるとともに、信用性が低い。他方、甲の検察官の面前における〈供述調書〉の内容は、逮捕時における供述とも一致し、具体的で、乙の公判廷におけるような心理的圧迫を受ける状況にもなく、相対的に特信情況が認められる。以上より、甲の〈供述調書〉につき、321条1項2号本文後段により証拠能力が認められる。この点は、録音・録画記録媒体たるDVDについても、同様に解される。321条以下の伝聞例外規定は、主に供述書・供述録取書を想定しているものと解されるが、録音・録画記録媒体についても、被疑者等の供述を録取したという点で同様であり、むしろ、機械的に録音・録画されている点において、供述書・供述録取書よりも正確性が高く認められるから、信用性の面では価値が高いとも言える。したがって、書面につき、伝聞例外該当性が認められる場合においては、録音・録画記録媒体についても、伝聞例外として、証拠能力が認められる（なお、書面と録音・録画記録媒体とで供述内容が同一の場合は、取り調べる必要性はどちらか一方のみによって満たされるとも考えられるので、裁判所において、視覚及び聴覚による証拠としての分かりやすさ、供述時間その他取調べの容易性等に関し検察官に釈明を求めるなどして、適切に判断すべきであろう。裁判実務上、裁判所が録音・録画記録媒体の実質証拠としての採用に消極的な場合もある〔東京高判平30・8・3判時2389・3等〕が、それはこのような総合考慮によるものと思われる）。

第10問

【問題点】
1　一罪一逮捕一勾留
2　検察官の訴追裁量
3　一時不再理効の範囲

〔設問1〕

1　一罪一逮捕一勾留

　V_2 に対する傷害事実で甲を逮捕勾留することは、先に V_1 に対する常習傷害事実で甲を逮捕勾留したこととの関係で一罪一逮捕一勾留の原則に抵触し、許されないのではないか。また、V_3 に対する傷害事実で甲を逮捕勾留したことについても、同様の問題があったのではないか。

　同一の犯罪事実についての逮捕勾留は原則として1回だけ許される（一罪一逮捕一勾留の原則）。同一の犯罪事実についての逮捕勾留の重複や蒸し返しを許せば、令状主義・事件単位原則（憲法33条・34条、刑訴法199条・200条・60条・64条等）や、刑訴法が身柄拘束期間等の厳格な制限を設けた趣旨（203条ないし205条・208条等）を没却し、人権侵害につながるからである。ここで問題は、同一の犯罪事実とは何を指すかである。この点、①実体法一罪説（実体法上の一罪に対しては国家の刑罰権は1個しか発生しないので、刑事実体法の実現手続である刑事訴訟手続においても、1個のものとして取り扱うことが要請されるとする立場）と、②単位事実説（〔包括〕一罪を構成する個々の単位事実ごとに身柄拘束が可能とする立場）との対立があるが、上記一罪一逮捕一勾留の趣旨からは、基本的に①実体法一罪説が妥当であろう。他方、あまり厳格に実体法上の一罪関係にこだわり過ぎると、本件のように、結論において疑問が生じ得るし、かつ、そこまで実体法上の一罪にこだわる理由も乏しい（捜査手続の流動性から、確定裁判を経た結果としての罪数判断が捜査初期段階に妥当しない場合もある。例えば、窃盗で逮捕勾留

した被疑者が多数の余罪を自白したため、余罪で再逮捕勾留した後、全体を常習窃盗として追加的訴因変更がなされ、判決においてもこれが是認された場合に、再逮捕以降の身柄拘束を違法と考えるのは非現実的である）。そこで、捜査機関は1個の身柄拘束の中で一罪の全部について同時処理義務を負うが、同時処理義務は同時処理の可能性を前提とするものであって、同時処理の可能性がなかった場合は、新たな事実での身柄拘束が許される、とする立場も有力である。これによれば、例えば保釈中や判決宣告後確定前に新しく及んだ犯行等については、前記原則の範囲外ということになろう（古江73頁、福岡高決昭42・3・24高刑集20・2・114等）。

　本件において、一連の犯行につき、実体的に1つの常習傷害罪であるとの事実認定を行った上、そのことを重視し、「同一の犯罪事実」については、厳格に実体法上の一罪を指すとの立場に立てば、V_1事実による逮捕勾留がなされている以上、V_2・V_3事実いずれについても逮捕勾留はできないということになる。しかし、同時処理の可能性を考慮する立場に立てば、V_1事実につき起訴・保釈された後に行われたV_3事実については、V_1事実につき逮捕勾留がなされた時点でも起訴された時点でも生じていなかった新たな犯罪であって、およそ同時処理の可能性がなかったのであり、逮捕勾留が許される。問題はV_1事実より前に行われていたV_2事実についての逮捕勾留であるが、時期の点から同時処理の可能性が抽象的に存在したことに注目すれば、V_2事実での逮捕勾留は許されないということになる。他方、同時処理の可能性については具体的に存在することが相当とし、再逮捕・再勾留により被疑者が被る不利益に比べ再逮捕・再勾留の理由と必要性が高い場合には許されるとの立場に立てば、本件各犯行は、いわゆるDV（ドメスティック・バイオレンス）事案として、捜査機関にとって被害者の申告がなければ容易に判明しない事案であり、V_2による被害申告が甲の保釈後に初めてなされたことに着目し、不当な蒸し返しではないと考え、V_3事実同様、V_2事実についても逮捕勾留が認められると解する余地もあろう。

〔設問2〕

2　検察官の訴追裁量

　Pは、V_1 事実につき、逮捕勾留は常習傷害事実によっていたにもかかわらず、単純傷害事実での起訴を選択している。また、V_2・V_3 に対する傷害事実について、常習傷害との疑いを持ちつつ、やはり単純傷害事実での起訴を選択している。このような起訴は、客観的真実に反するものとして違法ではないか（加重犯の一部起訴、一罪の一部起訴の問題）。

　この点、判例は、最決昭 59・1・27 刑集 38・1・136、最大判平 15・4・23 刑集 57・4・467 等において一罪の一部起訴を肯定している。検察官には起訴便宜主義（248 条）に基づき訴追裁量や、審判対象の設定・変更権限（256 条・312 条）が与えられており、それが合理的裁量の範囲内である限り、違法の問題は生じないと解されるからである（酒巻 274 頁）。最判平 15・10・7 刑集 57・9・1002 も、「実体的には常習特殊窃盗罪を構成するとみられる窃盗行為についても、検察官は、立証の難易等諸般の事情を考慮し、常習性の発露という面を捨象した上、基本的な犯罪類型である単純窃盗罪として公訴を提起し得ることは、当然である」としており、具体的事案に照らし、常習罪を単純一罪として起訴することを適法としている。

　本件でPは、一連の犯行につき常習傷害罪ではなく単純傷害罪で起訴しているが、個々の犯罪につき証拠の有無や立証の難易につき判断した結果、起訴したものであり、そこに起訴便宜主義等、合理的裁量の範囲からの逸脱は認められないであろう。

〔設問3〕

3　一事不再理効の範囲

　V_2・V_3 事件の公判期日において、弁護人は、免訴を主張しているところ、その主張は妥当なものと言えるか。337 条 1 号は、確定判決を経たときには、判決で免訴の言渡をしなければならないとしており、一事不再理効が及ぶ客観的範囲が問題となる。

この点、通説は、一事不再理効は、公訴事実の同一性（単一性）のある範囲に及ぶものと解する。審判の対象は訴因であり、訴因変更は公訴事実の同一性の及ぶ範囲でのみ可能（312条1項）であって、その範囲において被告人は処罰の危険にさらされていたと言えるためである（リーガルクエスト495頁等）。では、公訴事実の同一性（単一性）の判断をどのようにすべきか。337条1号で免訴判決の対象となる「確定判決を経た」とはどのようにして判断するかという問題である。この点に関しては、①（前訴・後訴の）両訴因に記載された事実のみを基礎とすべきという考え方と、②訴因の記載内容になっていない犯行の常習性などの要素についても心証形成して一罪かどうかを判断すべきという考え方があり得るところ、判例は、前記最判平15・10・7において、「訴因制度を採用した現行刑訴法の下においては、少なくとも第一次的には訴因が審判の対象であると解されること、犯罪の証明なしとする無罪の確定判決も一事不再理効を有することに加え、前記のような常習特殊窃盗罪の性質や一罪を構成する行為の一部起訴も適法になし得ることなどにかんがみると、前訴の訴因と後訴の訴因との間の公訴事実の単一性についての判断は、基本的には、前訴及び後訴の各訴因のみを基準としてこれらを比較対照することにより行うのが相当である。本件においては、前訴及び後訴の訴因が共に単純窃盗罪であって、両訴因を通じて常習性の発露という面は全く訴因として訴訟手続に上程されておらず、両訴因の相互関係を検討するに当たり、常習性の発露という要素を考慮すべき契機は存在しないのであるから、ここに常習特殊窃盗罪による一罪という観点を持ち込むことは、相当でないというべきである。そうすると、別個の機会に犯された単純窃盗罪に係る両訴因が公訴事実の単一性を欠くことは明らかであるから、前訴の確定判決による一事不再理効は、後訴には及ばないものといわざるを得ない」「以上の点は、各単純窃盗罪と科刑上一罪の関係にある各建造物侵入罪が併せて起訴された場合についても、異なるものではない」としており、後訴につき常習累犯窃盗であった最判昭43・3・29刑集22・3・153とは場面が異なるとする（前訴につき常習罪であった場合も、同様と思われる）。

　本件においても、上記平成15年最判と同様の立場に立てば、本件の前訴は傷害、後訴も傷害で、日時も被害者も異なるため、訴因を比較すると一罪の関係になく、裁判所にとっては、常習性という訴因に挙げられていない事項につ

いて考慮する契機も存在しないのであるから、一事不再理効を認めて免訴とすべきとの弁護人の主張は失当ということになる。他方、平成15年最判に対し批判的な立場からは、本件各犯行が実体的には1つの常習傷害罪を構成すると認定できる以上、被告人にとっては実質的に二重の危険にさらされていたものであり、一事不再理効を認めて免訴としてよいことになる（平成15年最判では、「考慮すべき契機は存在しない」という表現がとられているが、弁護人が審理の過程で主張したこともこれに含まれないのか、疑問の余地もある）。

第11問

【問題点】
1 令状による捜索差押え
2 伝聞（融資稟議書、取締役会議事録）

〔設問1〕

1 令状による捜索差押え

　Ｎらによる捜索差押えは適法か。捜索差押えは、被処分者のプライバシーや財産権という重要な権利を侵害制約するものであるから、憲法35条の令状主義に服し、裁判官による厳格な審査の下、行うことを原則としたものである（218条1項）。そこで、①正当な理由、②捜索場所・押収物の明示（以上、憲法35条1項）、③司法官憲による各別の令状（同条2項）が要件として導かれる。このうち①「正当な理由」とは、特定の犯罪の嫌疑が存在し、それと関連する差押対象物につき、捜索の場所に存在する蓋然性を要求するものである（加えて処分の必要性・相当性も必要である）。そして、恣意的な権限行使を防止するため、②対象の明示、③令状審査発付手続の履行が要求され、刑訴法でも219条1項で被疑者（被告人）の氏名、罪名、差し押さえるべき物、記録（印刷）させるべき電磁的記録・記録（印刷）者、捜索すべき場所・身体・物、有効期間等を記載しなければならないと規定されている（酒巻114頁等）。本件では、令状記載の程度（上記②関連）、令状の効力の及ぶ範囲及び捜索差押えの態様（上記①関連）が主に問題となろう。

　では、令状記載の程度として、どの程度まで明示・特定されていなければならないか。特に罪名や差し押さえるべき物等の記載方法につき問題となり得るが、この点、最大決昭33・7・29刑集12・12・2776は、「憲法35条は、捜索、押収については、その令状に、捜索する場所及び押収する物を明示することを要求しているにとどまり、その令状が正当な理由に基いて発せられたことを明

示することまでは要求していないものと解すべきである。されば、捜索差押許可状に被疑事件の罪名を、適用法条を示して記載することは憲法の要求するところでなく、捜索する場所及び押収する物以外の記載事項はすべて刑訴法の規定するところに委ねられており、刑訴219条1項により右許可状に罪名を記載するに当つては、適用法条まで示す必要はないものと解する」「そして本件許可状における捜索すべき場所の記載は、憲法35条の要求する捜索する場所の明示として欠くるところはないと認められ、また、本件許可状に記載された『本件に関係ありと思料せられる一切の文書及び物件』とは、『会議議事録、斗争日誌、指令、通達類、連絡文書、報告書、メモ』と記載された具体的な例示に附加されたものであつて、同許可状に記載された地方公務員法違反被疑事件に関係があり、且つ右例示の物件に準じられるような闘争関係の文書、物件を指すことが明らかであるから、同許可状が物の明示に欠くるところがあるということもできない」とし、結局のところ、裁判官・捜査機関・被処分者に対し、合理的な範囲で明示・特定されているかどうかを令状記載の基準としているものと思われる。

　本件では、罪名を「会社法違反」とのみ記載している捜索差押許可状が発付されているが、請求の際には裁判官に対し具体的な被疑事実が示されており、捜索差押許可状に適用法条の記載がないことをもって違法となることはないと解される（判例の立場）。また、捜索すべき場所が「H県I市J町○丁目△番地株式会社L銀行本店ビル」となっており、やや広範囲とも思われるが、場所も管理権も同一と解されるので、これも直ちに違法となるものではない。差し押さえるべき物を「本件に関連する融資稟議書、担保明細書、取締役会議事録、帳簿、メモ等」としている点についても、「融資稟議書、担保明細書、取締役会議事録、帳簿、メモ」との記載すなわち具体的例示に付加する形で「本件に関連する」「等」の記載が用いられているもので、令状裁判官が判断した対象も、捜索現場における捜査官が対象とすべき物も明示・特定されていると解し得る。その後、Nらは、この捜索差押許可状に基づき、甲の机やロッカーから発見された、甲の手帳やパソコン、メモ等を差し押さえており、手帳とパソコンについては捜索差押許可状に明示はされていないが、特別背任事件との関連性は認められ、差し押さえるべき物といえるのではないか。また、本件【融資

稟議書】、【取締役会議事録】等については、それらが綴られたファイルごと差し押さえているが、これも本件との関連性は明らかであるし、多数の書類をその場で解析することの困難性も認められ、差押方法としてやむを得ないといえる。

　では、Nらが乙の所持していたアタッシュケースを捜索した点はどうか。特定の場所に対する捜索令状により物の捜索ができるかが問題となるが、身体と異なり、物のプライバシーはその物が通常存在する場所のプライバシーに含まれると解されるので、場所に対する捜索令状があれば、物の捜索も可能である（最決平6・9・8刑集48・6・263等）。本件でも、本店ビルに対する捜索差押許可状が発付されていることから、9階フロアに存在していたと思われる（したがって、令状裁判官の審査が及んでいたと思われる）アタッシュケースについては、乙が右手に持っていたものの、捜索が可能と解される（乙は、Nが中を見せてほしいと求めたのに対しこれを拒んでおり、被疑事実に関連する物が存在する蓋然性も認められる。なお、乙が手に持っていたアタッシュケースとあるので、身体や着衣についてのプライバシーへの別途の考慮は不要であろう）。問題は、Nが乙の右手からアタッシュケースをもぎとっている点と、施錠されていたアタッシュケースをドライバーでこじ開けている点であるが、「必要な処分」（222条1項・111条1項）といえるか。それが捜索差押処分の実効性を確保し、その本来的目的達成に必要な手段として、対象者に及ぼす法益侵害と合理的に権衡する相当の態様の附随的措置といえるか（酒巻117頁）であるが、本件では乙がNの呈示の求めを拒んで立ち去ろうとしていること、開披の求めにも黙ったままであったことからすれば、捜索の必要性が認められ、これに対し乙の手からもぎとりドライバーでこじ開けるなどした態様は、捜索差押えの実効性確保の見地から、なお相当な態様の範囲内といえるのではないか（結果として無関係の書類しか発見されなかったことは捜索の適法性には影響しない）。

　さらに、Nらが乙の使用している机の引出しの中を捜索した点はどうか。乙の使用する机の引出しの中に本件捜索差押許可状の効力が及ぶかについては、令状裁判官が審査の対象とし、捜索差押えを認めた場所と同一の管理支配が及ぶかどうかで判断すべきところ、本件においてはL銀行本店ビルがその対象であるから、そのビル内の一室に置かれた机についても、同一の管理支配が及

んでいるというべきである（乙にとっての職場であるＬ銀行本店ビル内に存在する
ことから、鍵がかかっているとはいっても貸金庫のように第三者の独立した管理支配権
を認めることは困難であるし、乙が甲の秘書であり、中の確認を拒んでいる以上、被疑
事実に関連する物が存在する蓋然性も認められる。結果として歯ブラシやお菓子しか入
っていなかったことは捜索の適法性には影響しない）。Ｎがドライバーを用いて鍵を
開けた点についても、前記同様、乙が開けることを拒んでいることから、「必
要な処分」として許容されるものと思われる。

〔設問 2〕

2　伝聞（融資稟議書、取締役会議事録）

伝聞証拠の定義、伝聞法則の趣旨等については**第１問５**参照。

本件【融資稟議書】、【取締役会議事録】は伝聞証拠に当たるか。

いずれも公判廷外の供述を内容とするものであるが、要証事実（立証趣旨）
との関係でその真実性が問題となるかについては、要証事実（立証趣旨）をど
のように考えるか次第である。

まず、検察官の立証趣旨として、「本件融資を甲が承認した事実」「本件融資
を甲が主導した事実」などとすることが考えられる。この場合、【融資稟議書】
及び【取締役会議事録】については、その記載内容の真実性が問題となるとし
て、伝聞証拠に当たると考えるのが相当であろう。では、伝聞例外に当たるか。
323 条 2 号（「商業帳簿、航海日誌その他業務の通常の過程において作成された書
面」）・3 号（「前二号に掲げるものの外特に信用すべき情況の下に作成された書面」）該
当性が問題となる。商業帳簿とは金銭出納帳、仕入帳、売上帳などを指すので、
【融資稟議書】及び【取締役会議事録】はこれらには当たらず、「業務の通常の
過程において作成された書面」（2 号）あるいは「特に信用すべき情況の下に作
成された書面」（3 号）といえるかであるが、このうち「業務の通常の過程にお
いて作成された書面」は、業務遂行の基礎として信用保持等の観点から正確に
記載されかつ規則的・機械的・連続的に作成されるので、虚偽が入り込みにく
いため無条件で証拠能力が付与されたものであり、「特に信用すべき情況の下
に作成された書面」についても、無条件で証拠能力が付与されるものとして同

条1号・2号の書面に準ずる程度の高度の信用性（及び必要性）が認められなければならない（リーガルクエスト403頁）。これら伝聞例外とされた趣旨に照らして考える必要がある。本件のうち、【融資稟議書】について、2号（又は3号）該当性を肯定する立場からは、銀行において融資業務が主幹的業務として日常的に多数行われており、そのための稟議書も規則的・機械的・連続的に作成され虚偽が入り込みにくいという点を強調することになろう。また、【取締役会議事録】についても、3号（又は2号）該当性を肯定する立場からは、取締役会議事録の作成は会社法369条3項等により法律上義務付けられており、議事の内容がある程度機械的に記録されるなどして、高度の信用性を有することが推認される点を強調することになろう。

　ただし、本件【融資稟議書】及び【取締役会議事録】について323条2号・3号該当性を肯定することには慎重であるべきようにも思われる。本件融資は、会社に損害を与える取引であったと検察官が主張しているためである。すなわち、検察官の主張によれば、本件融資は本来融資をしてはならないはずのところ実行された異常な取引であり、【融資稟議書】及び【取締役会議事録】についても、本来承認してはならないはずの融資について承認がなされたとの異常な記載がなされている（融資に関わった者の意思が強くはたらいている可能性がある）ということになる。だとすると、無条件の証拠能力を認めるに足りるような、規則的・機械的・連続的に作成された等の高度の信用性は認めがたいのではないか。

　323条に基づく伝聞例外該当性を否定した場合、およそ本件各書面の証拠能力は認められないであろうか。322条（被告人の供述書等）として伝聞例外とする考えもあり得るが、【融資稟議書】及び【取締役会議事録】には他の従業員や役員の意思が併せて表示されていることから、弁護人の全部不同意の意見を前提にすると、321条1項3号の要件も満たす必要がある（したがって、他の従業員や役員につき供述不能要件を満たさない本件では、同号による証拠能力付与は困難）というべきであろう。むしろ、非供述証拠としてその証拠能力を肯定すべきと解される。すなわち、立証趣旨（要証事実）を「本件融資に関連する書面の存在・記載内容」等とすれば、その内容の真実性に踏み込むことはなく、本件への関連性は明らかであるから、証拠能力は肯定されるであろう。本件融資

の不当性や、甲が本件融資を主導する立場にあったか等については、あくまで
も L 銀行内における他の融資担当者の供述等によって立証するものであり、
【融資稟議書】及び【取締役会議事録】の存在・記載内容からは、甲が頭取と
して本件融資に関与したことや、その稟議・承認経過を推認するにとどめると
いう考え方である。おそらく、現在の実務上は、このように解することが多い
ものと思われる（検察官は、本件特別背任の事実を立証するに当たり、まず① L 銀行
から K 株式会社に対し平成 27 年 8 月 24 日頃 1 億円の融資がなされた事実を立証し、そ
の上で②その融資の不当性すなわち回収見込みの乏しい任務違背行為に該当することを
立証するのが通常と思われるから、本件各書面が①客観的融資事実を立証する上で証拠
として重要であることは言うまでもない）。

第12問

> 【問題点】
> 1 現行犯逮捕に伴う無令状捜索差押え
> 2 違法収集証拠排除法則
> 3 違法性の承継又は毒樹の果実

〔設問1〕

1 現行犯逮捕に伴う無令状捜索差押え

現行犯逮捕の要件等については、**第3問4**参照。

①時間的（・場所的）接着性、②犯罪及び犯人の明白性、③逮捕の必要性、の要件については、いずれも満たすように思われる。

しかし、本件では、Nらが、宅配便業者の営業所長の了解を得て甲宛荷物のエックス線検査を実施し、内容物が袋に入った結晶状のものであることが判明したので、この荷物が配達され、甲が受領した際に甲を現行犯逮捕するという方針に基づき逮捕が行われている。逮捕に先立つ手続に問題はないか。

逮捕に先立つ本件エックス線検査は、令状なく行われており、Nらにおいては、任意捜査の意図で行ったものと思われる。しかし、そもそも刑訴法による特別の定めと令状が必要とされる「強制の処分」（197条1項但書）たる捜査に当たるのではないか。強制処分の定義については、**第1問1**参照。通説である①相手方の明示又は黙示の意思に反し、②重要な権利・利益に対する実質的な侵害ないし制約を伴う処分に当たるか、検討するに、本件で用いられたエックス線検査は、空港で使用されている手荷物検査用の機械を使用し、中身を開披することなく外部からエックス線を照射することにより、内容物の影を画面に映し出し、その映像から分かる範囲で内容物を推定するというもので、3回検査を実施し、2回目と3回目には内容物が袋に入った結晶状のものであることが確認できたというのであるから、荷物の中身について、相当程度推知する

ことが可能な検査である。そうすると、①荷送人・荷受人の承諾なく実施している点、意思制圧はないものの、黙示の意思に反すると解され、②荷物の中身を知られない権利というプライバシー権に対する実質的な侵害・制約を伴うものといえるから、もはや任意処分に止まらず、「強制の処分」（具体的には218条1項の検証）に当たるのではないかと思われる（最決平21・9・28刑集63・7・868）。

そのため、本件エックス線検査は無令状で実施されたものとして違法であり、それに引き続く（密接に関連する）手続として実施された現行犯逮捕手続についても、違法となる可能性が高いと思われる。

さらに、本件では、現行犯逮捕に伴う無令状捜索差押えが実施されている。逮捕に伴う捜索差押え（220条1項2号）が無令状にもかかわらず認められている趣旨については、①相当説（合理性説）（逮捕の現場には、逮捕事実に関連する証拠の存在する蓋然性が一般的に高いから、捜索差押えを認めるべきとの立場）、②緊急処分説（限定説）（相当説の根拠に加え、被逮捕者によって逮捕事実に関連する証拠が破壊・隠滅されるのを防止し、証拠保全する緊急の必要性があるからだと考える立場。更に、逮捕者の身体の安全を図る必要をも理由に含める立場もある）との対立があるところ（リーガルクエスト140頁等）、判例実務は従来、①相当説によると言われてきたが、近時は、逮捕によって被逮捕者の身辺の平穏が攪乱されているので、新たな権利侵害の程度が低いことを補充的な理由とする考え方（東京高判平5・4・28高刑集46・2・44）や、被疑者の身体・住居等については相当説によるが、被疑者以外の者の身体・住居等については緊急処分説で考える二分論的アプローチもある（井上正仁「逮捕に伴う無令状捜索・差押え」争点80頁）。いずれの立場からも、逮捕の現場において、逮捕事実に関連する証拠の存在する蓋然性が認められることが不可欠であり、特に被疑者以外の者の身体・住居等について捜索を実施する場合は、慎重に解する必要があろう。本件では、甲が路上で荷物を受領しているにもかかわらず、W方を捜索する意図の下、わざわざ甲をW方に移動させて現行犯逮捕し、その上でW方を捜索したという経緯が認められる。たしかに、甲とWの人的関係に照らせば、W方についても覚醒剤又は関連証拠が存在する蓋然性は認められるかもしれないし、路上で予試験を実施した上、甲を逮捕するというのは甲の権利保護や交通への支障の見地から相

当でないかもしれないが、警察車両内やW方以外の最寄りの適当な場所で予試験・現行犯逮捕を実施することは可能だったはずであり、W方を捜索したいという意図の下にことさらに甲をW方に移動させた点において、令状主義に反する違法があるように思われる（福岡高判平5・3・8判タ834・275）。W方については、契約者である甲のみならず、居住者であるWの管理権が及ぶからである。W方の捜索差押えを実施したかったのであれば、別途W方についての捜索差押許可状の発付を受けるべきであった（検証許可状の発付を受けてエックス線検査を適法に行っていたなら、その他の証拠とあいまってW方の捜索差押許可状の発付を受けることも十分可能であったと思われる）。

〔設問2〕

2 違法収集証拠排除法則

捜査手続に違法があった場合、それにより収集された証拠の証拠能力はどのように考えるべきか。違法な手続によって収集された証拠物の証拠能力については、一定の範囲でこれを否定すべきというのが大方の見解であるが、その根拠については、①適正手続論（規範説）、②司法の廉潔性論（無瑕論説）、③抑止効論が主張されているところ、最判昭53・9・7刑集32・6・1672は、「違法に収集された証拠物の証拠能力については、憲法及び刑訴法になんらの規定もおかれていないので、この問題は、刑訴法の解釈に委ねられているものと解するのが相当であるところ、刑訴法は、『刑事事件につき、公共の福祉の維持と個人の基本的人権の保障とを全うしつつ、事案の真相を明らかにし、刑罰法令を適正且つ迅速に適用実現することを目的とする。』（同法1条）ものであるから、違法に収集された証拠物の証拠能力に関しても、かかる見地からの検討を要するものと考えられる。ところで、刑罰法令を適正に適用実現し、公の秩序を維持することは、刑事訴訟の重要な任務であり、そのためには事案の真相をできる限り明らかにすることが必要であることはいうまでもないところ、証拠物は押収手続が違法であつても、物それ自体の性質・形状に変異をきたすことはなく、その存在・形状等に関する価値に変りのないことなど証拠物の証拠としての性格にかんがみると、その押収手続に違法があるとして直ちにその証拠能力

を否定することは、事案の真相の究明に資するゆえんではなく、相当でないというべきである。しかし、他面において、事案の真相の究明も、個人の基本的人権の保障を全うしつつ、適正な手続のもとでされなければならないものであり、ことに憲法 35 条が、憲法 33 条の場合及び令状による場合を除き、住居の不可侵、捜索及び押収を受けることのない権利を保障し、これを受けて刑訴法が捜索及び押収等につき厳格な規定を設けていること、また、憲法 31 条が法の適正な手続を保障していること等にかんがみると、証拠物の押収等の手続に、憲法 35 条及びこれを受けた刑訴法 218 条 1 項等の所期する令状主義の精神を没却するような重大な違法があり、これを証拠として許容することが、将来における違法な捜査の抑制の見地からして相当でないと認められる場合においては、その証拠能力は否定されるものと解すべきである」と述べており、前記のいずれか一つのみの立場に立つわけではないようである。いずれにしても、違法収集証拠排除の要件として、①違法の重大性、②排除相当性、が挙げられており、規範として重要と思われる。

3 違法性の承継又は毒樹の果実

本件では、W 方に対する違法な捜索が実施され、宅配便荷物とともに、注射器 3 本と白色結晶粉末の入ったビニール袋が差し押さえられているが、その後更に勾留中の尿の任意提出・領置手続に基づき、甲の尿の鑑定が実施され、また、甲方に対する捜索差押許可状請求・発付手続に基づき、甲方の捜索差押えが実施されており、その結果、甲の尿の鑑定結果を記載した鑑定書及び甲方から発見された覚醒剤 3 袋が証拠として獲得されている。

このような場合、先行手続の違法性が後行手続に及ぼす影響についてどのように考えるべきか。有力なのは、違法性の承継論と、毒樹の果実論である。違法性の承継論は、最判昭 61・4・25 刑集 40・3・215 が「勘案するに、本件においては、被告人宅への立ち入り、同所からの任意同行及び警察署への留め置きの一連の手続と採尿手続は、被告人に対する覚せい剤事犯の捜査という同一目的に向けられたものであるうえ、採尿手続は右一連の手続によりもたらされた状態を直接利用してなされていることにかんがみると、右採尿手続の適法違法については、採尿手続前の右一連の手続における違法の有無、程度をも十分

考慮してこれを判断するのが相当である。そして、そのような判断の結果、採尿手続が違法であると認められる場合でも、それをもつて直ちに採取された尿の鑑定書の証拠能力が否定されると解すべきではなく、その違法の程度が令状主義の精神を没却するような重大なものであり、右鑑定書を証拠として許容することが、将来における違法な捜査の抑制の見地からして相当でないと認められるときに、右鑑定書の証拠能力が否定されるというべきである」と判示し採用したとされる考え方で、第1段階の判断として、先行行為が違法な場合において、先行手続と後行手続の間に「同一目的・直接利用」の関係があるときは、先行手続の違法の程度を十分考慮して後行行為の違法性を判断し、後行手続が違法性を帯びると判断されるときは、第2段階の判断として、「違法の重大性」と「排除の相当性」、つまり違法収集証拠排除法則による証拠排除の是非を検討するというものである（古江410頁）。

　この考え方によれば、本件では、無令状検証に引き続き現行犯逮捕が行われていることから、逮捕勾留にも違法があることになると思われる（ただし、厳密には、甲の現行犯逮捕は甲に対する職務質問に起因するものであり、無令状検証に直接起因するとはいえないから、そもそも逮捕勾留に違法はないとする立場もあり得よう。以下は、逮捕勾留が違法と考えた場合の検討である）。そして、採尿手続については、違法な先行手続によってもたらされた状態を直接利用して行われていることから、後行手続たる採尿手続も違法性を帯び、後は、採尿手続の違法の重大性と、尿の鑑定書の排除相当性とを総合考慮し、証拠能力を肯定又は否定することになろう。また、甲方に対する捜索についても、違法な先行手続によってもたらされた状態を直接利用して行われていることから、後行手続たる捜索も違法性を帯びることは否定できず、後は、捜索の違法の重大性と、覚醒剤3袋の排除相当性を総合考慮し、証拠能力を肯定又は否定することになると思われる。

　ただ、違法性の承継論については、「同一目的・直接利用」関係が認められなくても後行手続により収集された証拠が排除されるべき場合があるのではないか（最判平15・2・14刑集57・2・121の事案等）、あるいは手続が何重にも連なる場合に迂遠に過ぎるのではないかとの疑問もある。そこで、毒樹の果実論も有力である。毒樹の果実論（違法収集証拠である「毒樹」に基づいて獲得された新たな証拠は、「毒樹の果実」であるから、「毒樹」と同様に違法性を帯びることを免れず、

やはり違法収集証拠となるという考え方）は、派生証拠の証拠能力についての議論であり、中間に複数の手続や証拠が介在した場合であっても、統一的に考えることができるというのである。この考え方によれば、最終的に獲得された証拠の証拠能力の有無を判断するに当たり、その証拠獲得手続が先行手続の違法性を承継するか否かを論じる必要はなく、端的に、違法な先行行為によって得られた第1次証拠と問題となる派生証拠との間の因果性（関連性）の程度を中心に（したがって、因果性〔関連性〕に加え、第1次証拠の収集の際の違法性の程度を中心に）、当該証拠の重要性や事件の重大性なども総合的に考慮して決せられることになる（リーガルクエスト426頁）。なお、前記平成15年最判や、前記平成21年最決については、毒樹の果実論によったものとの見解もあるが、判例理論として前記違法性の承継論が先に示されていることもあり、一概にそのように言い切ることはできないと思われる。

　この毒樹の果実論からのアプローチによれば、本件では、尿の鑑定書及び甲方から発見された覚醒剤と、第1次証拠たるW方において差し押さえられた覚醒剤等との間の因果性（関連性）の程度を検討することになる。W方における捜索差押えは、無令状検証に引き続くという点と、ことさらに甲をW方に移動させ実施したという点において、違法が重大であり、その後の尿の鑑定書や甲方から発見された覚醒剤との間についても因果性（関連性）が存在することは否定できない。他方、因果性（関連性）の程度については、採尿手続自体に違法はないことや、甲方捜索に当たり新たに裁判官の令状審査が介在していることをどう評価するかによって、因果性（関連性）が密接であるかどうかの結論が分かれ、結局、その証拠能力についても、肯定・否定両方の考え方があろう。

第13問

【問題点】
1 訴追裁量
2 択一的認定
3 訴因変更の要否、訴因の拘束力、択一的認定（共犯関係不明）

〔設問1〕

1 訴追裁量

本件において、弁護人は公訴棄却を主張している。その趣旨は、本件が（弁護人の主張によれば）共謀による犯行であるにもかかわらず、単独犯と読める公訴事実による起訴がなされており、これが実体的真実に反する起訴に当たる、というものであると思われる。

実体的真実と検察官の訴追裁量との関係については、実体的真実に反する起訴は許されないと考える立場もあるが、現行法は当事者主義・訴因制度を採用し、訴訟物の構成は訴追官たる検察官に委ねられ、裁判所は訴因を離れて自由に犯罪事実を認定することはできず、また現行法が検察官に起訴猶予の裁量をも肯定している（248条〔起訴便宜主義〕等）から、検察官に訴追裁量が認められ、したがって例えば一罪の一部起訴も許されると解する立場が一般的である（最決昭59・1・27刑集38・1・136、最大判平15・4・23刑集57・4・467等）。ただし、合理的裁量の範囲内であることは要求される（最判平4・9・18刑集46・6・355等）。

本件では、（共謀）共同正犯と単独犯との関係が問題となっているところ、最決平21・7・21刑集63・6・762は、「検察官において共謀共同正犯者の存在に言及することなく、被告人が当該犯罪を行ったとの訴因で公訴を提起した場合において、被告人1人の行為により犯罪構成要件のすべてが満たされたと認められるときは、他に共謀共同正犯者が存在するとしてもその犯罪の成否は左

右されないから、裁判所は訴因どおりに犯罪事実を認定することが許されると解するのが相当である」としており、実行行為者が実行行為全体に関与したことが認められる場合は、検察官において仮に他の共謀共同正犯者が存在するとの疑いを持っていたとしても、共謀共同正犯者の存在に言及することなく、被告人が当該犯罪を行ったとの訴因（つまり単独犯のように読める訴因）での公訴提起が許されることを前提としているものと解される。本件でも、V発見現場近くで甲が一人で運転する車を目撃したとの情報から甲につき死体遺棄の実行行為全体への関与が認められる一方、甲は乙に関して曖昧な供述をしている状況であったので、甲の単独犯のように読める訴因での起訴は、合理的裁量の範囲内にあったものと考えられる。

〔設問2〕

2　択一的認定

　本件で、甲がVを遺棄した時点におけるVの生死が判然としなかったことから、裁判所は「保護責任者遺棄又は死体遺棄」との事実を認定することができるか。333条1項は、「被告事件について犯罪の証明があつたときは、第334条の場合〔刑の免除の場合〕を除いては、判決で刑の言渡をしなければならない」とし、また、335条1項は、「有罪の言渡をするには、罪となるべき事実、証拠の標目及び法令の適用を示さなければならない」としているので、「犯罪の証明」としてどの程度の証明が要求されるかという点と、「罪となるべき事実」としてどの程度具体的に書く必要があるかという点が問題となる。このうち、「罪となるべき事実」においては、訴因の特定（256条3項）の際にも問題となったとおり、構成要件該当性の判断ができ、かつ、他の犯罪事実との区別ができるよう、具体的な記載がなされる必要がある（訴因の特定については**第2問4**参照）。最決平13・4・11刑集55・3・127は、このような見地から検討し、殺人事件において、証拠関係を踏まえ、罪となるべき事実の日時・場所・方法等につき、一定の幅のある記載（概括的認定）を許容する結論を導いている。それでは、構成要件を異にする訴因事実をまたぐような記載（いわゆる明示的択一的認定）まで許されるであろうか。通説は、否定説に立つ。このような記載

では、333 条 1 項の「被告事件について犯罪の証明があつた」とは言えない、すなわち訴因につき証明がないにもかかわらず、異なる構成要件にまたがるような認定をすることは、利益原則（「疑わしきは被告人の利益に」）に反するし、実体法上、刑罰権は、法律に規定された個別の構成要件が充足されることによって生じ、それが被告人を処罰する根拠であるから、個別特定の構成要件ではなく合成的構成要件によって処罰することは、罪刑法定主義の証明対象の構成要件的個別化の要請に反して許されないと考えるのである（古江 423 頁等）。しかし、このことは、およそ択一的な認定が許されないということではない。①まず、同一構成要件内における具体的事実を択一的に認定することは、前記概括的認定の問題に過ぎない（例：覚醒剤使用罪において、注射使用したか飲用したかのいずれかであるのは間違いないが、いずれとも特定できない場合に「注射又は飲用して使用した」と認定することは許される）。②異なる構成要件間であっても、両者の間に包含（包摂）関係がある場合は、利益原則により、軽い罪の限度で認定できる（例：殺人既遂と未遂のいずれとも特定できない場合に殺人未遂を認定したり、殺人と傷害致死のいずれとも特定できない場合に傷害致死を認定したりすることは許される）。ただし、これも択一的認定ではなく、縮小認定の問題に過ぎないとの指摘もある。

　では、保護責任者遺棄と死体遺棄の間に構成要件的な重なり合いがあるとして軽い罪の限度で認定できるか。この点、肯定説もあるが、保護責任者遺棄の保護法益は生命・身体（個人的法益）であるのに対し、死体遺棄の保護法益は死者に対する国民一般の敬虔・尊崇の感情（社会的法益）であり、大きく異なるから、構成要件的な重なり合いは否定せざるを得ないであろう。それでもなお、保護責任者遺棄罪と死体遺棄罪のいずれについても無罪と考える説に対しては、①保護責任者遺棄か死体遺棄のいずれかであることについては合理的疑いを容れない程度に立証されている場合にまで無罪とするのは国民の法感情に反する、②同時になされるべき裁判所の事実判断は統一的であるべきなのに、保護責任者遺棄罪については「V は生きていた」とは言えないとし、死体遺棄罪については「V は死んでいた」とは言えないとする認定は、合一的で矛盾のない事実認定とは言いがたい、との批判も根強い。そこで、利益原則を重い方の罪の事実に適用すると、その事実の不存在が導かれ、結果として、当該事実

と論理的択一関係にある残った方の罪に当たる事実を認定できると考える立場も有力に主張されている。札幌高判昭61・3・24高刑集39・1・8は、「刑事裁判における事実認定としては、同判断〔＝死体解剖所見のみに基づく厳密な法医学的判断〕に加えて、行為時における具体的諸状況を総合し、社会通念と、被告人に対し死体遺棄罪という刑事責任を問い得るかどうかという法的観点をふまえて、A女が死亡したと認定できるか否かを考察すべきである」「本件において、仮に遺棄当時A女がまだ死亡に至らず、生存していたとすると、被告人は、凍死に至る過程を進行中であつた同女を何ら手当せずに寒冷の戸外に遺棄して死亡するに至らしめたことになり、同女の死期を早めたことは確実であると認められるところ、自ら惹起した不慮の事故により雪中に埋没させてしまつた同女を掘り出しながら、死亡したものと誤信し、直ちに医師による治療を受けさす等の救護措置を講ずることなく、右のように死期を早める行為に及ぶということは、刑法211条後段の重過失致死罪に該当するものというべく、その法定刑は5年以下の懲役もしくは禁錮又は20万円以下〔現100万円以下〕の罰金であるから、被告人は、法定刑が3年以下の懲役である死体遺棄罪に比べ重い罪を犯したことになつて、より不利益な刑事責任に問われることになる。また、被告人の主観を離れて客観的側面からみると、A女が生存していたとすれば、被告人は保護責任者遺棄罪を犯したことになるが、同罪も死体遺棄罪より法定刑が重い罪である。本件では、Aが生きていたか死んでいたかのいずれか以外にはないところ、重い罪に当たる生存事実が確定できないのであるから、軽い罪である死体遺棄罪の成否を判断するに際し死亡事実が存在するものとみることも合理的な事実認定として許されてよいものと思われる」とする。このいわゆる論理的択一関係説に対しては、利益原則をまず重い方の罪の事実に適用する根拠が不明である（軽い方の罪について有罪にすべしとの結論を先取りしているからではないか）、利益原則は、犯罪の要件を充足する事実が証明不十分である場合に、その犯罪で有罪とすることを許さない働きをすれば足り、更に進んで、証明不十分な事実を「存在しなかった」と積極的に認定することまで命じるものである必要は必ずしもない、等の批判もあるところであり、最高裁の判断も未だ示されてはいない。

　結局、本件において、設問前段の「保護責任者遺棄又は死体遺棄」との事実

を認定した上、軽い死体遺棄罪の罰条で処断することは、罪となるべき事実の特定を欠き困難であろう。しかし、遺棄時点のVの生死が判然としないという前提で端的に死体遺棄を認定することについては、肯定・否定両方の結論があり得るであろう。

〔設問3〕

3　訴因変更の要否、訴因の拘束力、択一的認定（共犯関係不明）

　まず、裁判所が訴因変更手続を経ることなく、単独犯のように読める訴因に対し、「乙と共謀の上」と認定できるか。訴因として掲げられた事実と、裁判所が証拠により心証を得た事実とが食い違ったときにどうすべきかという、訴因変更の要否の問題である。審判対象は訴因であると考える現在の通説からは、訴因は罪となるべき事実の記載と考えるので、たとえわずかな食い違いであっても訴因変更手続が必要のようにも思われる。しかし、それは煩雑に過ぎるので、事実に重要な、あるいは実質的な差異が生じた場合に訴因変更が必要であるとするのが通説である。前記平成13年最決は、「実行行為者につき第1審判決が訴因変更手続を経ずに訴因と異なる認定をしたことに違法はないかについて検討する。訴因と認定事実とを対比すると、前記のとおり、犯行の態様と結果に実質的な差異がない上、共謀をした共犯者の範囲にも変わりはなく、そのうちのだれが実行行為者であるかという点が異なるのみである。そもそも、殺人罪の共同正犯の訴因としては、その実行行為者がだれであるかが明示されていないからといって、それだけで直ちに訴因の記載として罪となるべき事実の特定に欠けるものとはいえないと考えられるから、訴因において実行行為者が明示された場合にそれと異なる認定をするとしても、審判対象の画定という見地からは、訴因変更が必要となるとはいえないものと解される。とはいえ、実行行為者がだれであるかは、一般的に、被告人の防御にとって重要な事項であるから、当該訴因の成否について争いがある場合等においては、争点の明確化などのため、検察官において実行行為者を明示するのが望ましいということができ、検察官が訴因においてその実行行為者の明示をした以上、判決においてそれと実質的に異なる認定をするには、原則として、訴因変更手続を要するも

のと解するのが相当である。しかしながら、実行行為者の明示は、前記のとおり訴因の記載として不可欠な事項ではないから、少なくとも、被告人の防御の具体的な状況等の審理の経過に照らし、被告人に不意打ちを与えるものではないと認められ、かつ、判決で認定される事実が訴因に記載された事実と比べて被告人にとってより不利益であるとはいえない場合には、例外的に、訴因変更手続を経ることなく訴因と異なる実行行為者を認定することも違法ではないものと解すべきである」と判示し、①「審判対象の画定という見地から」訴因変更の要否を検討し、これが必要でない場合であっても、②(ア)訴因事実と異なる認定事実が、「一般的に、被告人の防御にとって重要な事項である」ときは、(検察官が訴因においてそれを明示した以上、)原則として訴因変更手続を要するが、(イ)被告人に不意打ちを与えるものではなく、かつ、被告人にとってより不利益であるとはいえない場合は、例外的に訴因変更手続を経ることなく訴因と異なる認定をすることも違法ではない、とする。本件は、単独犯の訴因に対し、共同正犯の事実を認定できるかという問題であるが、①審判対象の画定の見地から訴因変更が必要かどうかについては、共同正犯を実体法上どう考えるかという問題にもからむ。この点、共同正犯の不成立が単独犯の成立要件となると考える説（単独犯と共同正犯とは構成要件的に区別されるべきとする説）があり、この立場からは、直ちに訴因変更が必要であり、訴因変更がない場合は「共謀の上」との判示は許されないという結論になろう。しかし、共同正犯の不成立は単独犯の成立要件とはならないと考える説（共同正犯の規定は処罰拡張規定に過ぎず、自ら一人の行為により犯罪構成要件の全てを満たした者は、他に関与者がいた場合であっても、なお単独犯としての処罰が可能であると考える説）の方が、現在はやや有力と思われる。この立場からは、単独犯の訴因と共同正犯の訴因との間に構成要件的な相違まではなく、①審判対象画定の見地からの訴因変更は不要ということになるので、あとは、②(ア)被告人の防御にとって重要か、(イ)不意打ち・不利益にならないかを検討することになろう。最判昭 34・7・24 刑集 13・8・1150 は、「原判決は、被告人の単独犯による覚せい剤不法所持の訴因を肯定した第一審判決を事実を誤認したものとして破棄し、訴因変更の手続を経ることなく、A との共同正犯を認定したのであるが、原判決の認定は、被告人は A と共同して判示の日時、判示の場所において本件覚せい剤を不法に所持したと

いうのであり、同一の覚せい剤所持の事実について被告人の単独所持を、共犯者との共同所持に変更したものに過ぎないことは原判決の説示するところによつて明らかであつて、そのことによつて被告人に不当な不意打を加え、その防禦権の行使に不利益を与えるおそれはない（被告人の刑事責任を増大させるわけでもなく、またその防禦方法を基本的に立て直す必要があるわけでもない）のであるから、本件の場合、訴因変更の手続を必要としないとした原判示は結局正当である」としており、前記平成13年最決より前の判例であるが、結論においてなお妥当性を有するのではないか。

　本件でも、単独犯か共同正犯かは②(ア)被告人の防御にとって重要な事項ではあるが、(イ)弁護人において共犯事件との主張を行っており、不意打ちとは言えず、また、本件事案に鑑みると、被告人（甲）は共犯者（乙）から指示を受けて実行に及んだとの認定であるから、一般的には不利益とはならない。訴因変更は不要としてよいのではないかと思われる（以上、設問前段）。

　次に、「単独又は乙と共謀の上」との認定はできるか。前提として、この問題においても、訴因変更の要否の問題（又は単独犯か共同正犯かについて訴因の拘束力を認めるかという問題）がある。すなわち、設問前段の訴因変更の要否のうち、①審判対象の画定の見地にかかわるかという問題につき、これを審判対象画定の見地にかかわる問題と考えるのであれば、単独犯の訴因に拘束力が生じるから、訴因変更のない本件において、そもそも択一的認定を判決で示すことも許されないということになる。これに対し、審判対象画定の見地にかかわる問題とまではいえないと考えれば、単独犯の（ように読める）訴因に拘束力までは生じないから、（設問前段同様、被告人に不意打ちとならず、かつ、被告人に不利益にならないことを前提に）後はそもそも「単独又は乙と共謀の上」という択一的認定自体が許されるかという問題になろう。

　この「単独又は共謀の上」という択一的認定が許されるかについて、肯定説は、単独犯か共同正犯かは本来の構成要件か修正された構成要件かの違いであり、基本的に同一構成要件内の事実と解し得るので、被告人に量刑上不利益とならず、防御上も特段の支障がない場合で、心証上単独犯・共同正犯のいずれかであることの確信が得られるときは、択一的認定をするメリットこそあれデメリットはないと考える。被告人が単独で実行行為に及んでいることが証拠上

間違いなければ、被告人による犯罪の成立は疑いなく、あとは共謀があったかどうかだけの問題とするものである。東京高判平4・10・14高刑集45・3・66は、この立場に立つように思われる。これに対し、否定説は、利益原則の限界や罪刑法定主義を前提に、いわゆる心証上の択一的認定についても許されないと考えるか、前記平成21年最決（「検察官において共謀共同正犯者の存在に言及することなく、被告人が当該犯罪を行ったとの訴因で公訴を提起した場合において、被告人1人の行為により犯罪構成要件のすべてが満たされたと認められるときは、他に共謀共同正犯者が存在するとしてもその犯罪の成否は左右されないから、裁判所は訴因どおりに犯罪事実を認定することが許されると解するのが相当である」）を根拠に、共同正犯との確信があっても単独犯としての起訴に対しては単独犯としての認定が可能なのであるから、もし、共同正犯との確信がないのであれば、なおさら「共謀の上」との判示は許されず、結局、単独犯としての認定をするよりほかはない、などと考えることになろう。ただし、この議論においては、「単独犯」という言葉の使い方に留意すべきように思われる。すなわち、平成21年最決の単独犯とは「他に関与者がいない」という意味ではなく、「自ら犯罪構成要件の全てを満たす者」という程度の意味しかないが、「単独又は共謀の上」というときの「単独」とは、「他に関与者がいない」という意味の狭義の単独犯のはずである。平成21年最決の射程については、「単独又は共謀の上」との記載を排除するところにまでは及んでいないように思われる（もっとも、共犯者が存在する抽象的可能性があれば直ちに単独犯であることに合理的な疑いが生じるわけではなく〔最決平19・10・16刑集61・7・677参照〕、氏名不詳者として具体的な人物の存在が想定されておらず、その存在すら不明な、およそ実体のないような場合であったのに、「単独で又は氏名不詳者と共謀の上」との予備的訴因の追加を促すなどした訴訟指揮等を違法とした裁判例として、東京高判平31・2・8判時2455・94がある）。

　結局のところ、本件においては、特に共謀を実体法上どのように理解するかにより、大きく結論が分かれるところであって、いずれの結論もあり得るものと思われる（以上、設問後段）。

第 14 問

【問題点】
1　ビデオ撮影
2　科学的証拠（画像解析・顔貌鑑定）
3　伝聞証拠（精神鑑定書）

〔設問 1〕

1　ビデオ撮影

　本件で、Ｎらは、令状なく甲の容貌をビデオ撮影しているが、「強制の処分」（197 条 1 項但書）に当たるものとして、違法になるのではないか。ビデオ撮影について、明文の規定はなく、比較的新しい捜査方法であることから、問題となる。

　「強制の処分」の意義等については、**第 1 問 1** 参照。

　現在の通説的見解によれば、ビデオ撮影が①相手方の明示又は黙示の意思に反し、②重要な権利・利益に対する実質的な侵害ないし制約を伴う処分に当たるか、検討することになるが、その検討に当たっては、従来よりなされてきた写真撮影についての議論が参考になる（ビデオの方が画像としての情報量が多く、また音声を含むことがあるが、個人の容貌に関するプライバシー権を侵害するおそれがあるという点で同様に考えることができる）。写真撮影については、218 条 3 項（身体の拘束を受けている被疑者の写真撮影）に規定があるのみであり、無令状で許されるのはこのほか逮捕に伴う検証（220 条 1 項 2 号）の場合に限られる、と考える立場もあるが、最大判昭 44・12・24 刑集 23・12・1625 は、「何人も、その承諾なしに、みだりにその容ぼう・姿態（以下「容ぼう等」という。）を撮影されない自由を有」し、これは憲法 13 条の趣旨から保護されているが、「公共の福祉のため必要のある場合には相当の制限を受ける」ことがあり、「警察官による個人の容ぼう等の撮影」は、「現に犯罪が行なわれもしくは行なわれた

のち間がないと認められる場合であつて、しかも証拠保全の必要性および緊急性があり、かつその撮影が一般的に許容される限度をこえない相当な方法をもつて行なわれるとき」は、「撮影される本人の同意がなく、また裁判官の令状がなくても」「憲法13条、35条に違反しない」として、現に犯罪が行われもしくは行われたのち間がないと認められる場合であって、証拠保全の必要性・緊急性があり、その撮影が一般的に許容される限度をこえない相当な方法をもって行われるときは無令状でも写真撮影が許容されるとした。この判例は、強制処分の定義について判示した最決昭51・3・16刑集30・2・187より前のものであるが、普通に読む限り、公道上での写真撮影について任意処分と考えているように思われる（現行犯的状況も要件の1つとしているが、現行犯的状況を必須の要件とする趣旨とまではいえず、その後の昭和51年最決が示した必要性〔緊急性〕、相当性の要件の中に含めて考えることは可能と思われる）。

　その後、最決平20・4・15刑集62・5・1398は、「捜査機関において被告人が犯人である疑いを持つ合理的な理由が存在していたものと認められ、かつ、前記各ビデオ撮影は、強盗殺人等事件の捜査に関し、防犯ビデオに写っていた人物の容ぼう、体型等と被告人の容ぼう、体型等との同一性の有無という犯人の特定のための重要な判断に必要な証拠資料を入手するため、これに必要な限度において、公道上を歩いている被告人の容ぼう等を撮影し、あるいは不特定多数の客が集まるパチンコ店内において被告人の容ぼう等を撮影したものであり、いずれも、通常、人が他人から容ぼう等を観察されること自体は受忍せざるを得ない場所におけるものである。以上からすれば、これらのビデオ撮影は、捜査目的を達成するため、必要な範囲において、かつ、相当な方法によって行われたものといえ、捜査活動として適法なものというべきである」とし、「通常、人が他人から容貌等を観察されること自体は受忍せざるを得ない場所」におけるビデオ撮影は強制処分とはいえず、必要性・相当性が認められる場合、任意処分として許容される、との立場に立ったものと思われる（これに対し、住居内における写真撮影やビデオ撮影は通常の場合、強制処分に該当するであろう〔酒巻157頁〕）。

　本件においても、Ｎらは甲に告げずにその容貌をビデオ撮影しているところ、このような承諾なきビデオ撮影は、①相手方の明示又は黙示の意思に反する可

能性が高いが、②重要な権利・利益に対する実質的な侵害ないし制約を伴う処分に当たるかについては、人が他人から容貌等を観察されること自体は受忍せざるを得ない場所において、容貌についてのプライバシー権は相当程度放棄されているといえ、本件は公道上及びファミリーレストラン店内における容貌の撮影であるから、「強制の処分」とまではいえないと思われる。そして、任意処分として必要性・相当性を見るに、殺人・死体遺棄という重大事件が発生し、事件現場近くの防犯カメラに本件直前に被害者と共に映っていた人物については、本件との関連が強く疑われるから、その者を特定する必要性が認められる。これに対し、捜査車両から公道上を歩く甲の容貌をビデオ撮影する方法、ファミリーレストラン店長に依頼し店内の防犯カメラと小型カメラで甲の容貌をビデオ撮影する方法は、相当といえるのではないか（もっとも、ファミリーレストランで飲食する甲の姿まで撮影するのは、侵害制約する権利利益が大きく強制処分に当たる、あるいは任意処分としても相当性を欠くとの考えもあるかもしれない。特に、店内の防犯カメラでの撮影は店舗の利用客にとって予想し得ることであるが、小型カメラでの撮影はそうではないという点は指摘可能である）。

〔設問2〕

2 科学的証拠（画像解析・顔貌鑑定）

本件〈顔貌鑑定書〉は、伝聞証拠に当たるが、それ以前に、高度な科学的原理・技術を用いているがゆえに、科学的証拠として証拠能力を否定され得るのではないか。

アメリカにおいては、フライ・ルールと呼ばれ、科学的証拠の証拠能力を肯定するに当たり「関連性」のみならず「特定の分野における一般的承認」という特別の要件を要求する考え方がある。①基となる科学的原理・技術が高度であるがゆえに、科学的知識のない事実認定者がそれを理解し、実質的に評価することが困難であること、②「科学」という名前がつくことによって、事実認定者が客観的に確実だと誤信し、過信しやすいこと、による。また、その後もドーバート基準と呼ばれる基準において、許容性の要件として、関連性のほかに、「信頼性」という特別要件を要求する考え方が主張され、従来専門家任せ

にしていた科学的証拠の信頼性についての判断を裁判官の手に取り戻したものと評されている。

　これに対し、我が国の通説は、「一般的承認」などの特別の証拠能力要件を不要とし、一般の証拠と同じく「関連性」要件で足りるとする（信頼性については、「関連性」要件の中に組み込んで考えることが可能と考える）。判例においては、最決平12・7・17刑集54・6・550が、「本件で証拠の一つとして採用されたいわゆるMCT118DNA型鑑定は、その科学的原理が理論的正確性を有し、具体的な実施の方法も、その技術を習得した者により、科学的に信頼される方法で行われたと認められる。したがって、右鑑定の証拠価値については、その後の科学技術の発展により新たに解明された事項等も加味して慎重に検討されるべきであるが、なお、これを証拠として用いることが許されるとした原判断は相当である」とした。また、最決昭62・3・3刑集41・2・60も、臭気選別につき、①選別につき専門的な知識と経験を有する指導手が、②臭気選別能力が優れ、選別時において体調等も良好でその能力がよく保持されている警察犬を使用して実施したものであるとともに、③臭気の採取、保管の過程や臭気選別の方法に不適切な点のないことが認められる、などとして許容した。いずれも、対象となる手法の原理・主体・方法等を検討しており、相当と思われるが、証拠能力についての議論と、証明力についての議論が混在しているとの評もある（古江233頁）。

　本件顔貌鑑定は、スーパーインポーズ法・形態学的検査・統計学的方法を併用するもので、科学的原理が理論的正確性を有するといえるのではないか。また、画像処理に当たったP及び鑑定を行ったQは、それぞれの分野における専門性を備えており、用いた具体的方法についても、いちおうの信頼を与え得るのではないか（他方、これらのうち特に原理・方法については、未だ正確性・信頼性に不明な部分があるとして、関連性又は証明力を否定する見解もあろう）。

　なお、本件顔貌鑑定に関連性・証明力を認める場合、〈顔貌鑑定書〉は立証趣旨が「甲が犯行直前に現場付近にいた事実」であり、内容の真実性（甲と防犯ビデオの人物との同一性）が問題となる証拠であるから、伝聞証拠に該当するが、321条4項に基づき、鑑定人の真正供述を要件として証拠能力が肯定されよう（下記**3**参照）。

3　伝聞証拠（精神鑑定書）

　本件【精神鑑定書】は伝聞証拠に当たるか。

　伝聞証拠の定義、伝聞法則の趣旨等については、**第1問5**参照。

　伝聞証拠とは、①公判廷外の供述を内容とする証拠で、②供述内容の真実性を立証するためのものというのが現在の通説であり、伝聞か非伝聞かは、立証趣旨・要証事実に照らし、内容の真実性にわたるかどうかで判断することになる。

　まず、鑑定書（全体）について見ると、立証趣旨は「甲の責任能力及び殺意の存在」である。少なくとも責任能力の立証という要証事実に妥当性が認められるところ、その内容の真実性が問題となるから、鑑定書（全体）は伝聞証拠に当たる。

　では、伝聞例外該当性はどうか。鑑定書は、321条4項に該当する。同項は捜査機関から嘱託を受けた鑑定受託者の作成した鑑定書にも準用される（最判昭28・10・15刑集7・10・1934）。そこで、鑑定受託者が作成の真正を証言すれば、鑑定書全体については、証拠能力が肯定できよう。

　しかし、本件【精神鑑定書】には、Sが被告人から聞き取った内容を記載した、「6　問診結果」という部分が存在するところ、この部分につき、別途伝聞過程を考慮すべきではないか。この点、立証趣旨は、「甲の責任能力及び殺意の存在」であり、このうち、「責任能力」の存在との部分については、非伝聞とも解し得る（Sの問いに対する答の存在自体から、整合的なやり取りとし、責任能力の存在を推認し得る）。しかし、「殺意の存在」との立証趣旨については、伝聞と解するのが相当であろう。Sに対する供述内容の真実性にかかわると考えられるからである（これに対し、非伝聞説に立つとすると、Sに対しそのような供述をした事実、あるいは鑑定書にそのような記載がある事実自体が殺意の存在に関する間接事実たり得ると考えることになると思われるが、やや回りくどく、誤解のおそれも大きいであろう）。「6　問診結果」部分についても伝聞と解した場合、伝聞例外該当性を検討することとなり、被告人の供述であるから、322条該当性が問題となるが、本鑑定書の「6　問診結果」部分には被告人の署名押印が欠けることから、証拠能力は否定されよう（最決平17・9・27刑集59・7・753等。なお、Sが公

判廷で作成の真正を証言した際、併せて問診内容を証言した場合は、324条及び322条に基づき証拠能力が認められることもあり得るが、実務的には、このような立証趣旨は不適切であるとして、「甲の責任能力」に限定して立証を認めるのが穏当と思われる）。

第15問

【問題点】
1 令状によらない捜索差押え
2 写真を示しての尋問

〔設問1〕

1 令状によらない捜索差押え

本件における捜索差押えは、甲の現行犯逮捕に伴う、無令状の捜索差押えである。前提として、本件現行犯逮捕につき、適法性を確認するに、①時間的（・場所的）接着性、②犯罪及び犯人の明白性、③逮捕の必要性についてはいずれも充足するものと思われる（現行犯逮捕の要件等については、**第3問4**参照。N自身は犯行そのものを目撃していないが、「現に罪を行い終つた者」〔212条1項〕すなわち犯罪の実行行為を終了した直後における犯人である甲の姿を現場で確認しており、要件を満たすものと思われる）。

刑訴法220条1項2号は、「逮捕する場合において必要があるときは、左の処分をすることができる。……二　逮捕の現場で差押、捜索又は検証をすること」などとし、「逮捕の現場」での無令状での捜索差押えを許容している。このような無令状での捜索差押えが許される理由については、**第12問1**参照。①相当説（合理性説）は、逮捕の現場には、逮捕に係る被疑事実（逮捕事実）に関連する証拠の存在する蓋然性が一般的に高いのであり、このこと（のみ）を根拠に、裁判官による事前の司法審査を経るまでの必要はないからと考える立場であり、②緊急処分説（限定説）は、相当説の根拠に加え、被逮捕者によって逮捕事実に関連する証拠が破壊・隠滅されるのを防止し、証拠保全する緊急の必要性があるからだと考える立場である。相当説の根拠とされる、証拠存在の蓋然性のみをもってして令状主義の例外を認めてよいのか、というのが緊急処分説の問題意識であり、③被疑者の身体・住居等と被疑者以外の身体・住居

等とで相当説と緊急処分説を使い分けるべきとの二分説的アプローチもある（井上正仁「逮捕に伴う無令状捜索・差押え」争点80頁）。

　ところで、本件では、甲方の庭で傷害事件が発生し、甲を現行犯逮捕したのも甲方の庭においてであるから、甲方の庭に散乱していた食器類を差し押さえた点に特に問題はないであろう。では、さらに、甲とVとの関係を解明するための日記・アドレス帳・通信機器や、室内インターホンに録画データとして残った防犯ビデオの画像を証拠として確保する必要があると考え、甲方の居間及び玄関についても捜索差押えを実施し、居間からスケジュール帳と、玄関に設置された室内インターホン内からSDカードを取り出して差し押さえた点に問題はないか。逮捕に伴う捜索の範囲、「逮捕の現場」の意義が問題となる。

　この点、①相当説は、「逮捕の現場」とは、令状の発付を受ければ捜索できる範囲、と考える。そこで、逮捕の場所と「同一の管理権」の及ぶ範囲内の場所及びそこにある物について捜索が許されるという結論になる。他方、②緊急処分説は、被逮捕者による証拠の破壊・隠滅の防止を根拠とするので、逮捕に伴う捜索差押えは、事前に令状をとる時間的余裕がない場合に限られ、捜索の範囲も、被逮捕者が証拠隠滅を図ることができる範囲、すなわち被逮捕者の身体、その直接の支配下にある範囲内の場所及び物（被逮捕者の手の届く空間）に限られることになろう。

　本件において、①相当説からは、逮捕に伴う捜索範囲も令状による捜索の場合と同様にとらえ、「逮捕の現場」とは、逮捕場所と同一の管理権の及ぶ範囲内の場所及びそこにある物をいうことになるので、逮捕現場が甲方の庭であっても、甲方室内に押収すべき物の存在を認めるに足りる状況があるときは、当該室内の捜索も許されることになろう。もっとも、この立場でも、被疑事実に関する証拠の存在の蓋然性、住居に対するプライバシーの権利等を総合して、具体的な事案に応じて捜索差押えの可能な範囲が決定されることになる。本件では、逮捕現場は甲方庭であるが、甲とVとの人的関係を知るためのアドレス帳等や室内インターホンの防犯ビデオ画像は本件被疑事実に関する証拠であって、室内にこれらが存在する蓋然性が高いのであるから、室内の捜索差押えが許されると解する。したがって、被疑者たる甲を逮捕した甲方の庭に限られず、甲の管理権の下にある居間や玄関での捜索差押えは許される（なお、SDカ

ードの関連性も肯定し得るであろう。**第7問2**参照）。他方、②緊急処分説からは、「逮捕の現場」とは、被逮捕者の身体及びその直接の支配下にある範囲内の場所及び物をいうことになるので、逮捕現場が被逮捕者方の庭であるときは、建造物の構造等にもよるが、原則として被逮捕者の現在しない他の居室内の捜索差押えはできないことになる。③二分説による場合、本件では被疑者方における捜索差押えが問題となるから、①相当説と同様に解し得るのではないか。

　では、M警察署に甲を移動させた後に行った甲の着衣内ポケット等の捜索はどうか。これも「逮捕の現場」における捜索と言えるかが問題となる。捜索可能な範囲については、前記のとおり、①相当説からは同一管理権の及ぶ範囲内の場所及びそこにある物に、②緊急処分説からは身体及びその直接の支配下にある範囲内の場所及び物に限定され、着衣内ポケット自体はいずれの立場からも捜索可能であるが、「逮捕の現場」と規定されている以上、現場を一定以上離れて捜索を行うことはその文言に反し許されないのが原則であろう。この点、最決平8・1・29刑集50・1・1は、「刑訴法220条1項2号によれば、捜査官は被疑者を逮捕する場合において必要があるときは逮捕の現場で捜索、差押え等の処分をすることができるところ、右の処分が逮捕した被疑者の身体又は所持品に対する捜索、差押えである場合においては、逮捕現場付近の状況に照らし、被疑者の名誉等を害し、被疑者らの抵抗による混乱を生じ、又は現場付近の交通を妨げるおそれがあるといった事情のため、その場で直ちに捜索、差押えを実施することが適当でないときには、速やかに被疑者を捜索、差押えの実施に適する最寄りの場所まで連行した上、これらの処分を実施することも、同号にいう『逮捕の現場』における捜索、差押えと同視することができ、適法な処分と解するのが相当である」とし、約3km離れた警察署での約1時間後の捜索等を適法とした。この判例については、「逮捕の現場」について一定の場所的・時間的な幅を認めたとの解釈（批判）もあるが、連行後の場所を全て逮捕の現場と評価することには、文理上も疑問があるから、具体的事案を踏まえ、連行を認めるべき合理的理由があり、かつ、連行の態様が逮捕現場における捜索差押えとして許容範囲のものであることを条件とし、「『逮捕の現場』における捜索・差押え」と同視することができるとして適法性を肯定したものである（古江136頁等）。その理論的根拠については、逮捕後に被疑者を連行して

も、通常、その身体や所持品の状況に直ちに変化を生じるものではなく、被疑者に実質上の不利益が生ずることも考えにくいから、連行することについて、必要性、合理性がある場合には、一定限度内の連行が許されるとの考えによるものと思われるが、「必要な処分」として連行を認めるとの見解も有力である（酒巻127頁）。

　本件では、騒ぎを聞きつけた報道陣や野次馬が甲方敷地前に多数集まってきて、中には脚立を立てて庭の撮影を試みる者も出てきたとのことであり、目隠し用のシートを準備するよりも警察署に移動しての捜索差押えを実施した方が早いと考えられる状況で、約4km、車で約10分離れたM警察署に移動させたということであるから、着衣内ポケットを捜索するについて移動させてもその被侵害法益に大きな変化はなく、むしろ芸能人であり報道陣や野次馬の好奇の目にさらされる甲の人権にも配慮したものとも言える。甲の移動につき必要性・合理性が認められ、前記判例の趣旨からすれば、身柄移動後の捜索差押え自体は適法であろう。

〔設問2〕

2　写真を示しての尋問

　本件では、検察官がVの証人尋問において再現写真を示している。

　書面等を用いた尋問の可否については、規199条の10ないし199条の12に規定がある。㋐書面等の成立・同一性について尋問する場合（規199条の10）、㋑記憶を喚起するため必要がある場合（規199条の11）、㋒供述を明確にするため必要がある場合（規199条の12）であり、いずれの場合も、必要性と、相手方にあらかじめ閲覧の機会を与えることが要件である。さらに、記憶喚起の場合と供述明確化の場合は裁判長の許可が必要であり、記憶喚起の場合は、内容が証人の供述に不当な影響を及ぼさないよう注意することも必要とされる。

　本件において、主尋問を開始した検察官は、まず、甲とVとの関係についていくつか質問した後、「続いて被害の状況について質問します」と述べながら、〈被害再現見分調書〉添付の写真を手に証人に近づき、「写真を示します。これはあなたが被害に遭った状況を撮影したものに間違いありませんか」と質

問している。したがって、上記のうち、㈡記憶喚起のための尋問又は㈢供述明確化のための尋問の可能性がある（この場面で㈠写真の成立・同一性について尋問しても全く無意味である）。

　まず、いずれの場合であっても、裁判長の許可が要件とされているところ、本件で明確な許可がなされたとの記載はなく、いきなり示すことは許されない（なお、「写真を示します」との発言に対し、反対当事者及び裁判長が黙示の許可を与えたとの解釈が行われる場合もあるが、本件では弁護人が異議を述べているので、このように解することも困難であろう。他方、相手方にあらかじめ閲覧の機会を与えることについては、証拠請求の前提として開示がなされていると解される〔だからこそ、弁護人は不同意や異議の意見を述べている〕）。

　さらに、㈡記憶喚起のための尋問については、規199条の11第2項が「〔示される写真・〕書面の内容が証人の供述に不当な影響を及ぼすことのないように注意しなければならない」と規定しているところ、本件では、「続いて被害の状況について質問します」と述べながら、〈被害再現見分調書〉添付の写真を手にVに近づき、写真を示しながら「これはあなたが被害に遭った状況を撮影したものに間違いありませんか」と質問したというのである。Vにおいて、記憶に基づき具体的な証言をした後にその証言を明確化するために示す（㈢供述明確化のための尋問）ならまだしも、いきなり再現時の写真を示せば、証人に対しその記憶・証言内容に不当な影響が生じることは容易に予想でき、相当でない。

　では、㈢供述明確化のための尋問ならどうか。この見地からも、供述明確化というからには、先になされた供述が存在し、それを写真等で明確にすることが前提であり、被害状況に関し先行する供述が存在しない状況において供述明確化ということは困難である。最決平23・9・14刑集65・6・949は、「本件において、検察官は、証人（被害者）から被害状況等に関する具体的な供述が十分にされた後に、その供述を明確化するために証人が過去に被害状況等を再現した被害再現写真を示そうとしており、示す予定の被害再現写真の内容は既にされた供述と同趣旨のものであったと認められ、これらの事情によれば、被害再現写真を示すことは供述内容を視覚的に明確化するためであって、証人に不当な影響を与えるものであったとはいえないから、第1審裁判所が、刑訴規則

199 条の 12 を根拠に被害再現写真を示して尋問することを許可したことに違法はない」としているが、「証人（被害者）から被害状況等に関する具体的な供述が十分にされた後」であったから許容されたことに留意を要する。

　では、尋問の際に示した写真を公判調書末尾に添付することについては、どのような問題があるか。規 49 条は、「調書には、書面、写真その他裁判所又は裁判官が適当と認めるものを引用し、訴訟記録に添附して、これを調書の一部とすることができる」と規定している。同条に基づき添付する書面等について、当事者の同意が必要かについては、「証人がすでに作成された図面、グラフ、表、写真その他の書面や物を利用して供述した場合」「これらの書面または物が証拠調べを終わったものでないときは、なるべく証人尋問終了後に独立した証拠として請求し取り調べておくのが妥当である。独立した証拠にしないで、公判調書に添付し、あるいは領置しておく方法もあるが、それではこれらの書面または物自体が証拠となっているのか否かが不明確である」との見解（石井一正『刑事実務証拠法〔第 5 版〕』〔2011〕325 頁）もあるが、前記平成 23 年最決は、「本件証人は、供述の明確化のために被害再現写真を示されたところ、被害状況等に関し具体的に証言した内容がその被害再現写真のとおりである旨供述しており、その証言経過や証言内容によれば、証人に示した被害再現写真を参照することは、証人の証言内容を的確に把握するために資するところが大きいというべきであるから、第 1 審裁判所が、証言の経過、内容を明らかにするため、証人に示した写真を刑訴規則 49 条に基づいて証人尋問調書に添付したことは適切な措置であったというべきである。この措置は、訴訟記録に添付された被害再現写真を独立した証拠として扱う趣旨のものではないから、この措置を決するに当たり、当事者の同意が必要であるとはいえない」とし、同意不要説に立つようである。もっとも、前記のとおり、本件では、そもそも、写真を示した尋問自体が許されない場面であるから、「証人の証言内容を的確に把握するため」という添付の必要性が失われており、裁判所又は裁判官において添付が適当と認める相当性に欠ける。結局、本件では、検察官が添付を求める写真は、不同意となっている〈被害再現見分調書〉添付の写真であって、必要性・相当性なく公判調書に添付すれば、伝聞法則の潜脱に当たるとのそしりも免れ得ないであろう（〈被害再現見分調書〉自体の証拠能力については、**第 3 問 6** 参照。本件

では、現場ではなく、M 警察署の中庭において、被害の状況につき動作を用いて V から指示説明を受けるため実施された再現見分であって、本件〈被害再現見分調書〉は、最決平 17・9・27 刑集 59・7・753 の事例同様、立会人たる V の供述調書に近い性質のものと解さざるを得ず、321 条 3 項の要件のみで証拠能力が認められる類の書面ではない）。

第16問

> **【問題点】**
> 1 訴因の明示と特定
> 2 訴因変更の要否
> 3 上訴（攻防対象論）

〔設問1〕

1 訴因の明示と特定

本件の訴因は256条3項に照らし明示・特定がされているか（弁護人の公訴棄却の求めもそのような問題意識によるものと思われる）。

訴因の明示・特定については、**第2問4**参照。

本件では、日時・場所・方法に幅のある記載がされ、更に、傷害の公訴事実につき、複数回にわたる暴行を包括一罪として記載しているところ、併合罪と解すべきなのではないかが問題となる。

最決平26・3・17刑集68・3・368は、「被告人は、F、G及びHと共謀の上、かねてE（当時45年）に自己の自動車の運転等をさせていたものであるが、平成18年9月中旬頃から同年10月18日頃までの間、大阪市西成区（中略）付近路上と堺市堺区（中略）付近路上の間を走行中の普通乗用自動車内、同所に駐車中の普通乗用自動車内及びその付近の路上等において、同人に対し、頭部や左耳を手拳やスプレー缶で殴打し、下半身に燃料をかけ、ライターで点火して燃上させ、頭部を足蹴にし、顔面をプラスチック製の角材で殴打するなどの暴行を多数回にわたり繰り返し、よって、同人に入院加療約4か月間を要する左耳挫・裂創、頭部打撲・裂創、三叉神経痛、臀部から両下肢熱傷、両膝部瘢痕拘縮等の傷害を負わせたものである」との訴因につき、「検察官主張に係る一連の暴行によって各被害者に傷害を負わせた事実は、……約1か月間という一定の期間内に、被告人が、被害者との上記のような人間関係を背景として、ある程度限定された場所で、共通の動機から繰り返し犯意を生じ、主として同

態様の暴行を反復累行し、その結果、個別の機会の暴行と傷害の発生、拡大ないし悪化との対応関係を個々に特定することはできないものの、結局は一人の被害者の身体に一定の傷害を負わせたというものであり、そのような事情に鑑みると、……その全体を一体のものと評価し、包括して一罪と解することができる。そして、……訴因における罪となるべき事実は、その共犯者、被害者、期間、場所、暴行の態様及び傷害結果の記載により、他の犯罪事実との区別が可能であり、また、それが傷害罪の構成要件に該当するかどうかを判定するに足りる程度に具体的に明らかにされているから、訴因の特定に欠けるところはないというべきである」と判示した。

　本件においても、審判の対象たる訴因の最低限の要請として①構成要件該当性の判断ができ、かつ、②他の犯罪事実との区別ができるか、さらに、「できる限り」との 256 条 3 項の文言に照らし、③起訴当時の証拠関係に照らし可能な限りの具体的な記載がなされているか（なされていない場合、そのことに合理的理由があるか）について検討する。まず、①構成要件該当性の判断に関しては、傷害罪の構成要件に該当するとの判断は容易である。問題は、②他の犯罪事実との区別ができるか、であるが、本件を構成する個々の暴行・傷害を併合罪と解するのであれば、この点問題も生じ得るが、前記判例の事案と同様、ある程度限られた期間・場所において、同様の人的関係・動機を背景に、類似の態様で反復継続された結果、一人の V の身体に一定の傷害が生じたと評価できるから、検察官の考えとして、包括一罪との評価は妥当であろう。その意味で、他の犯罪事実との区別は可能である。他方、③「できる限り」との文言に照らしても、V と甲の双方の記憶・供述に曖昧な点が残っているという前提があるから、検察官としては起訴当時の証拠関係に照らし可能な限りの具体的記載をしたと評価できるのではないか。

〔設問 2〕

2　訴因変更の要否

　第 1 審裁判所は、「……頭部を手拳で殴打し、下半身に燃料をかけた上ライターで点火して燃上させ、頭部を足蹴にし、顔面をバットで殴打する暴行を多

数回にわたり繰り返し、よって、同人に入院加療約1か月間を要する頭部打撲・裂創、両下肢熱傷の傷害を負わせた」との訴因に対し、「……頭部を手拳で殴打し、何らかの方法で下半身に点火し、頭部を足蹴にする暴行を多数回にわたり繰り返し、よって、同人に入院加療約1か月間を要する頭部打撲・裂創、両下肢熱傷の傷害を負わせた」との事実を認定しているが、訴因変更手続を経るべきなのにこれを経ていない違法があったのではないか。

訴因変更の要否については、**第13問3**参照。

最決平24・2・29刑集66・4・589は、最決平13・4・11刑集55・3・127で示された規範を踏まえ、「被告人が上記ガスに引火、爆発させた方法は、本件現住建造物等放火罪の実行行為の内容をなすものであって、一般的に被告人の防御にとって重要な事項であるから、判決において訴因と実質的に異なる認定をするには、原則として、訴因変更手続を要するが、例外的に、被告人の防御の具体的な状況等の審理の経過に照らし、被告人に不意打ちを与えず、かつ、判決で認定される事実が訴因に記載された事実と比べて被告人にとってより不利益であるとはいえない場合には、訴因変更手続を経ることなく訴因と異なる実行行為を認定することも違法ではないと解される」とした上、原判決が放火方法について訴因と異なる認定をしたのは具体的審理経過に照らし被告人に不意打ちを与えるもので違法があるとした（ただし、原判決の認定が被告人に与えた防御上の不利益の程度は大きいとまではいえない、などとして原判決の破棄についてはこれを否定した）。平成13年最決を踏まえ、点火の方法が異なることは被告人の防御上重要な事項であることを示した点などにおいて重要な意義があるとされる（笹倉宏紀「判批」平成24年度重判解181頁）。

本件でも、平成13年最決に照らして検討するに、まず、暴行態様の一部を認定せず、かつ、異なる点火方法を認定したことが、①審判対象画定の見地からの訴因変更が必要な場合には該当せず、②一般的に被告人の防御にとって重要な事項であるかについては、これに該当するところ、例外的に、被告人の防御の具体的な状況等の審理の経過に照らし、被告人に不意打ちを与えず、かつ、判決で認定される事実が訴因に記載された事実と比べて被告人にとってより不利益であるとはいえない場合といえるか、については、弁護人において暴行事実を否認するとした上、被告人質問及び証人尋問において、甲が禁煙していた

事実や甲の弟が赤いバットを使用していた事実を明らかにしており、実際、第1審裁判所は、証拠調べの結果を踏まえ、ライターで点火したとの点や、バットで顔面を殴打したとの点に合理的疑いが残ると考え、この点を訴因から除外した認定をしたのであるから、被告人の具体的防御の面でも、量刑の面でも、被告人にとり不意打ちかつ不利益とは言えないのではないか。訴因変更手続を経ることなく訴因と異なる実行行為を認定することも違法ではないと解される。

〔設問3〕

3　上訴（攻防対象論）

　控訴審裁判所は、甲の無罪主張には全て理由がなく、かえって、ライターで点火した点及びバットを用いて顔面を殴打した点を含め、訴因は全て認められると考えた。訴因全部につき有罪とすることができるか。

　まず、前提として、控訴審に移審するのはどの範囲かという問題があるが、刑訴法は、357条において、一部上訴の規定を置いており、それは主文が複数ある場合の規定であるところ、科刑上一罪や包括一罪の場合は、一部に無罪があっても主文は1つだから、一部上訴の問題にはならない。科刑上一罪の一部が有罪で、残りの部分について理由中で無罪の判断を示したとき、この第1審判決に対して被告人だけが控訴した場合は、被告人にとって不服のない無罪部分も含めて、全部が控訴審に移審し、係属することになるというのが判例の立場である（最大決昭46・3・24刑集25・2・293〔新島ミサイル事件〕）。では、無罪部分も控訴審に移審するとして、控訴裁判所は、無罪部分についてまで判断できるか。控訴審は原判決の認定の当否を審査する事後審であり、当事者主義の見地から、控訴裁判所は控訴趣意書で主張されている控訴理由を調査するのが原則である（392条1項）。しかし、刑訴法は、控訴趣意書で主張されていなくとも、職権で控訴理由の有無を調査することはできると規定している（同条2項）から、この職権調査が可能な範囲が問題となる。前提として、不利益変更の禁止（402条）との関係については、402条は刑の不利益な変更を禁止するのであり、控訴裁判所が第1審無罪部分を有罪としても、刑さえ重い刑を言い渡さなければ、これに反することはないとされる（最決昭36・9・6集刑139・129）。

それでもなお、職権調査には限界があるのではないか（いわゆる「攻防対象論」の問題。古江455頁）。この点、前記昭和46年最大決は、「第一審判決がその理由中において無罪の判断を示した点は、牽連犯ないし包括一罪として起訴された事実の一部なのであるから、右第一審判決に対する控訴提起の効力は、それが被告人からだけの控訴であつても、公訴事実の全部に及び、右の無罪部分を含めたそのすべてが控訴審に移審係属すると解すべきである。そうとすれば、控訴裁判所は右起訴事実の全部の範囲にわたつて職権調査を加えることが可能であるとみられないでもない。しかしながら、控訴審が第一審判決について職権調査をするにあたり、いかなる限度においてその職権を行使すべきかについては、さらに慎重な検討を要するところである。いうまでもなく、現行刑訴法においては、いわゆる当事者主義が基本原則とされ、職権主義はその補充的、後見的なものとされているのである。当事者主義の現われとして、現行法は訴因制度をとり、検察官が公訴を提起するには、公訴事実を記載した起訴状を裁判所に提出しなければならず、公訴事実は訴因を明示してこれを記載しなければならないこととし、この訴因につき、当事者の攻撃防禦をなさしめるものとしている。裁判所は、右の訴因が実体にそぐわないとみられる場合であつても、原則としては訴因変更を促がし或いはこれを命ずべき義務を負うものではなく（最判昭33・5・20刑集12・7・1416参照）、反面、検察官が訴因変更を請求した場合には、従来の訴因について有罪の言渡しをなし得る場合であつても、その訴因変更を許さなければならず（最判昭42・8・31刑集21・7・879参照）、また、訴因変更を要する場合にこれを変更しないで訴因と異なる事実を認定し有罪とすることはできないのである。このように、審判の対象設定を原則として当事者の手に委ね、被告人に対する不意打を防止し、当事者の公正な訴訟活動を期待した第一審の訴訟構造のうえに立つて、刑訴法はさらに控訴審の性格を原則として事後審たるべきものとしている。すなわち、控訴審は、第一審と同じ立場で事件そのものを審理するのではなく、前記のような当事者の訴訟活動を基礎として形成された第一審判決を対象とし、これに事後的な審査を加えるべきものなのである。そして、その事後審査も当事者の申し立てた控訴趣意を中心としてこれをなすのが建前であつて、職権調査はあくまで補充的なものとして理解されなければならない。けだし、前記の第一審における当事者主義

と職権主義との関係は、控訴審においても同様に考えられるべきだからである」「これを本件についてみるに、本件公訴事実中第一審判決において有罪とされた部分と無罪とされた部分とは牽連犯ないし包括一罪を構成するものであるにしても、その各部分は、それぞれ一個の犯罪構成要件を充足し得るものであり、訴因としても独立し得たものなのである。そして、右のうち無罪とされた部分については、被告人から不服を申し立てる利益がなく、検察官からの控訴申立もないのであるから、当事者間においては攻防の対象からはずされたものとみることができる。このような部分について、それが理論上は控訴審に移審係属しているからといつて、事後審たる控訴審が職権により調査を加え有罪の自判をすることは、被告人控訴だけの場合刑訴法402条により第一審判決の刑より重い刑を言い渡されないことが被告人に保障されているとはいつても、被告人に対し不意打を与えることであるから、前記のような現行刑事訴訟の基本構造、ことに現行控訴審の性格にかんがみるときは、職権の発動として許される限度をこえたものであつて、違法なものといわなければならない」（引用判例の表記は筆者修正）とする（ただし、第1審判決が被告人らに言い渡した刑と原判決が被告人らに言い渡した刑とは全く同一であったことなどを理由に、原判決破棄まではしなかった）。

　本件ではどうであろうか。ライターによる点火や、バットによる顔面毀打が、当事者間において攻防の対象から外されたといえるかが問題となるところ、本件傷害が一罪であることを強調し、ライターによる点火や、バットによる顔面毀打について、もはや独立して1個の犯罪構成要件に当たるとは考えられない（あくまでも1個の傷害事件の態様の一部に過ぎない）とすると、上記新島ミサイル事件判例の射程外として、検察官が控訴していない場合であっても、訴因全部につき有罪とすることは許されることになろう（単純一罪の傷害事案についてであるが、東京高判平15・10・16高刑集56・4・1参照）。他方、本件では、本来多数の暴行・傷害罪が成立するところ、その反復継続性を踏まえ包括一罪と評価されるに至ったに過ぎず、本来ライターによる点火や、バットによる顔面毀打は独立して1個の犯罪構成要件に当たるものと考えれば、前記新島ミサイル事件判例の射程が及び、検察官が控訴していない以上、訴因全部について有罪とすることは違法ということになる。いずれの結論もあり得るものと思われる。

第17問

【問題点】
1　勾留の要件
2　控訴の理由・根拠
3　訴因変更を命じ又は促す義務の存否

〔設問1〕

1　勾留の要件

　刑訴法上、勾留（起訴前）に関しては、207条、60条に規定があり、その要件は、㋐勾留の理由と㋑勾留の必要性である。そして、㋐勾留の理由とは、被疑者が「罪を犯したことを疑うに足りる相当な理由がある」（60条1項柱書）ことに加え、60条1項各号要件、すなわち①住居不定、②罪証隠滅のおそれ（罪証隠滅の対象・態様、罪証隠滅の余地〔客観的可能性〕、罪証隠滅の意図〔主観的可能性〕等を総合考慮する）、③逃亡のおそれのいずれかに該当することが必要である。また、㋑勾留の必要性（87条1項参照）は、逮捕の必要性と同様、事案の重大性や被疑者の体調、家族の状況等諸事情に照らし、勾留を認めるまでもない、あるいは勾留による不利益が大きすぎる場合を除外する趣旨であり、その意味で相当性を含む概念であると解されている。

　判例においては、最決平26・11・17判時2245・129が、勾留の必要性に関し原々審と原決定とで判断が分かれた、電車内におけるいわゆる痴漢の事案において、「本件において勾留の必要性の判断を左右する要素は、罪証隠滅の現実的可能性の程度と考えられ、原々審が、勾留の理由があることを前提に勾留の必要性を否定したのは、この可能性が低いと判断したものと考えられる」とした上で原々審の判断を支持しており、罪証隠滅のおそれの有無だけでなく、その程度（現実的可能性）も勾留の必要性に影響を与える事情であると見ている。また、最決平27・10・22集刑318・11は、本問事例にやや類似する捜査

経過を辿った業務上横領事案に関し、「長期間にわたり身柄拘束のないまま捜査が続けられていること、本件前の相当額の余罪部分につき公訴時効の完成が迫っていたにもかかわらず、被疑者は警察からの任意の出頭要請に応じるなどしていたこと、被疑者の身上関係等からすると、本件が罪証隠滅・逃亡の現実的可能性の程度が高い事案であるとは認められない」として、同様に勾留の必要性を認めなかった原々審の判断を支持しているが、ここでも「罪証隠滅・逃亡の現実的可能性の程度」が勾留の必要性を判断する重要な一要素と見られている。

　検察官は、勾留請求に当たり、これら勾留の必要性を含む勾留の要件を充足しているかの判断を行う。

　本件では、勾留の理由について、まずL社からの告訴がなされており、内部調査結果が明らかにされている上、関係者であるW、A、Bの供述が存する。また、消費者金融に複数の借金を有するなど甲に動機があることに加え、甲自身も事実を認めていることから、甲が業務上横領罪を犯したことを「疑うに足りる相当な理由」はあると言えよう。そして、60条1項各号要件についても、W、A、Bに対する働きかけのおそれがあること、事案発生から数年が経過しており客観証拠の収集が困難になっている一方で当事者の記憶減退が懸念されること等からすれば、2号の罪証隠滅のおそれがある。また、甲が賃貸アパートに単身で居住し、L社を懲戒解雇されて日払いのアルバイトをしているなど、居住関係や雇用関係に不安定な要素が多いことからすれば、3号の逃亡のおそれもある。勾留の必要性については、これら事情に加え、甲がW、A、Bと面識を有する点において、罪証隠滅のおそれが現実的である（高い）こと、浪費に基づく家賃滞納により大家から退去を求められており、1号の住居不定となるおそれ及びそれを契機とする逃亡の現実的な可能性が生じていること、これら諸事情を踏まえ裁判官において通常逮捕状を発付していること（逮捕の理由・必要性は客観的に存在しそれが認められていること）等を主張することが考えられる（以上、〔設問1〕①）。

　次に、起訴前勾留の請求を受けた裁判官は、60条規定の裁判所と同一の権限を有する（207条1項）から、裁判所・裁判官の視点から勾留の要件を改めて判断する。

本件では、勾留請求が却下され（207条5項但書。勾留の理由がないと判断したものと解される）、これに対する検察官の準抗告（429条1項2号）も棄却されている（432条、426条1項。準抗告が理由のないときに当たると判断したものと解される）ところ、その理由として考えられるのは、勾留の要件（理由又は必要性）、特に勾留の必要性に関し検察官と異なる評価をしたためと思われる。

　具体的には、60条1項2号の罪証隠滅の現実的可能性が低いとも評価し得る（甲は、L社の内部調査から警察の捜査に至るまで、一貫してこれらに応じ、自己の犯罪事実を認めている。W、A、BはL社勤務当時の関係者であり、現在甲は全く異なる職種に就いている上、事実を認めていることから働き掛ける動機に乏しい）こと、同項3号の逃亡の現実的可能性も低い（犯行から数年が経過し、単身で、転職した事情も存するが、むしろその間、同一のアパートに居住し、稼働は継続しているなど生活状況に大きな変化はない）ことなどが挙げられる。加えて、前科前歴がなく、損害額が極めて大きいとまではいえない（公判請求され有罪とされたとしても、なお執行猶予が付される可能性がある）ことも、勾留の必要性がない（又は、勾留の理由がない）と評価される方向に働く事情であろう（以上、〔設問1〕②）。

〔設問2〕

2　控訴の理由・根拠

　控訴は、地方裁判所又は簡易裁判所がした第1審の判決に対してすることができ（372条）、控訴申立ての実質的要件である控訴申立理由（384条）が377条以下に規定されているが、司法権を行使する国家機関である裁判所自身による構成誤り等の絶対的控訴理由（377条・378条）は通常想定しにくく、実務上問題となることが圧倒的に多いのは、量刑不当（381条）及び事実誤認（382条）である。訴訟手続の法令違反（379条）、法令の適用の誤り（380条）がこれに次ぐ。

　本件では、検察官の業務上横領罪による起訴に対し、第1審裁判所が判決で無罪を宣告しており、控訴理由として考えられるのは、訴訟手続の法令違反（379条）、法令の適用の誤り（380条）、事実誤認（382条）であるが、このうち法令の適用の誤りとは、認定された事実に対して実体法令の適用を誤ったとい

うものであって、構成要件に該当する事実の一部が認められないと判断したことを問題とするのであれば、それは事実誤認に帰するというべきであろう。

事実誤認の主張の妥当性について、判例では、最判平24・2・13刑集66・4・482が、「刑訴法382条の事実誤認とは、第1審判決の事実認定が論理則、経験則等に照らして不合理であることをいうものと解するのが相当である。したがって、控訴審が第1審判決に事実誤認があるというためには、第1審判決の事実認定が論理則、経験則等に照らして不合理であることを具体的に示すことが必要であるというべきである」とし、最判平30・7・13刑集72・3・324も同様の判示をしている。これらは第1審の裁判の一部に裁判員裁判が導入され、裁判官のみで判断する控訴審の在り方に注意を促したものと解される。

本件で、検察官の事実認定は、平成28年9月25日にL社口座から1,000万円の出金があった事実及び同年28日にK社口座に800万円の入金があった事実を客観的証拠から認定し、ここから甲が200万円を占有していた事実を導いているが、担当者であった甲が最も疑われるものの、これだけでは200万円が別の口座やL社金庫等に保管されていた可能性を完全には否定できず、業務上横領罪の要件たる占有を認めなかった第1審裁判所の事実認定が「論理則、経験則等に照らして不合理」とまで言えるかどうかは、微妙なところである。

次に、控訴理由としての訴訟手続の法令違反とは、手続法の適用に誤りがあり、かつ、その違反が判決に影響を及ぼすことが明らかであることをいう（379条）。本件では、訴因変更手続（その要否及び裁判所に促す義務があったか）が問題となる。

まず、業務上横領の訴因に対し、訴因変更手続なくして背任を認定できたのではないか、という点であるが、最決平13・4・11刑集55・3・127（**第13問**参照）によれば、①「審判対象の画定という見地」つまり訴因の記載として不可欠な事項について異なる認定をする場合には、必ず訴因変更が必要であり、②(ア)「被告人の防御にとって重要な事項」で「訴因において……明示」された事項については、やはり原則として訴因変更が必要であるが、(イ)「審理の経過に照らし、被告人に不意打ちを与えるものではないと認められ」「判決で認定される事実が訴因に記載された事実と比べて被告人にとってより不利益であるとはいえない場合」には、例外的に訴因変更が不要であると解される。本件

のように構成要件要素に相応の違いがあり、また、業務上横領の成否のみが問題となり、背任を前提とした攻撃防御がされていないケースにおいて、第1審裁判所のように、①「審判対象の画定という見地」あるいは②(ア)「被告人の防御にとって重要な事項」かつ「訴因において……明示」された事項として、訴因変更が必要（訴因変更なくして背任を認定することは困難）と考えることは合理性が認められよう（なお、業務上横領はもちろん、背任についても、公訴提起時点で公訴時効期間は未だ経過していない）。

3　訴因変更を命じ又は促す義務の存否

　以上を前提に、第1審裁判所において訴因変更手続を促す義務があったかであるが、判例は最判昭33・5・20刑集12・7・1416等において、これを否定する立場を示しており、最決昭43・11・26刑集22・12・1352が例外として訴因変更手続を促しまたはこれを命ずべき義務があるとした事例も、審理の経過にかんがみ、訴因変更すれば有罪であることが証拠上明らかであり、しかも、その罪が相当重大なものであるような場合についてのものである。

　本件では、証人尋問及び被告人質問が終了した段階で、裁判所から検察官に対し、「訴因について、何かお考えはありますか」と尋ねたのに対し、検察官は公訴事実を維持する旨返答しており、「第1審裁判所としては、検察官に対して、上記のような求釈明によって事実上訴因変更を促したことによりその訴訟法上の義務を尽くしたものというべきであり、更に進んで、検察官に対し、訴因変更を命じ又はこれを積極的に促すなどの措置に出るまでの義務を有するものではないと解する」（最判平30・3・19刑集72・1・1）ことが可能である。

第18問

【問題点】
1 職務質問と留め置き
2 公判前整理手続における主張明示義務と供述の強要
3 公判前整理手続における主張明示と被告人質問
4 放火罪における人の死傷結果と量刑上の考慮

〔設問1〕

1 職務質問と留め置き

　職務質問は、警察官職務執行法に基づき行政警察作用として行われるが（**第2問**参照）、どのくらいの時間継続できるか、その場や任意同行先などに対象者を留め置くことがどの程度可能かについては明文規定がない。これが「留め置き」の問題であり、強制処分に至ればそれは無令状逮捕ということで違法になる。実務上は、特に薬物事案において、職務質問中、薬物使用の嫌疑が生じ、任意同行、さらには尿の任意提出を求めるもこれを拒む者につき、裁判官に条件付捜索差押許可状（いわゆる強制採尿令状）の発付を求め、これを執行するまでの間、数時間経過することが不可避である（他方、留め置きを認めない場合、自己への嫌疑を知った対象者が所在不明となる可能性が高く、令状の執行も不能となってしまう）ため、この間の留め置きがどこまで適法か、ということが問題となっている。

　判例上、最決平6・9・16刑集48・6・420が、警察官が令状執行開始までの間、被告人による運転を阻止し、約6時間半以上被告人を現場に留め置いた事案において、「被告人に対する任意同行を求めるための説得行為としてはその限度を超え、被告人の移動の自由を長時間にわたり奪った点において、任意捜査として許容される範囲を逸脱したものとして違法といわざるを得ない」「警察官が、早期に令状を請求することなく長時間にわたり被告人を本件現場に留め置いた措置は違法であるといわざるを得ない」と判示しているが、比較的早

期に令状請求手続を開始した（その後の令状発付や執行までに要した時間が、物理的にやむを得ない範囲にとどまり、可及的速やかに手続が進められたと認められる）場合については射程外とも解される。そして、裁判例上、近時有力とされるのが、いわゆる二分論（二分説）と言われる見解である。東京高判平21・7・1東高刑時報60・1〜12・94は、「本件留め置きの任意捜査としての適法性を判断するに当たっては、本件留め置きが、純粋に任意捜査として行われている段階と、強制採尿令状の執行に向けて行われた段階（以下、便宜「強制手続への移行段階」という。）とからなっていることに留意する必要があり、両者を一括して判断するのは相当でない」「強制採尿令状の請求手続が開始されてから同令状が執行されるまでには相当程度の時間を必要とすることがあり得、それに伴って留め置き期間が長引くこともあり得る。そして、強制採尿令状の請求が検討されるほどに嫌疑が濃い対象者については、強制採尿令状発付後、速やかに同令状が執行されなければ、捜査上著しい支障が生じることも予想され得ることといえるから、対象者の所在確保の必要性は高く、令状請求によって留め置きの必要性・緊急性が当然に失われることにはならない」とし、強制手続移行段階における留め置きにつき、強制採尿令状の執行に向けて対象者の所在確保を主たる目的として行われたものであって、いまだ任意捜査として許容される範囲を逸脱したものとまでは見られないとした。その後も東京高判平22・11・8高刑集63・3・4を始めとして同様の高裁裁判例が出されており、これら二分論に対しては、任意手続と強制手続との間に法的根拠のない準強制手続とでもいうべき概念を創設したものである、などの批判もあるが、実務上は広く定着した解釈となっている。

　本件でも、二分論を採用した場合、午前零時に職務質問が開始されたが、午前零時30分頃到着したNらを交えた説得に甲が応じず、立ち去ろうとしたため、Nは、強制採尿のための捜索差押許可状の発付を求めることとし、その旨を甲に告げている事実（及び令状請求準備に入っている事実）があり、強制手続移行段階に入ったものと解される。そして、職務質問開始から強制採尿令状発付までは約3時間、呈示までは約3時間半が経過しているが、強制採尿令状の執行に向けて対象者の所在確保を主たる目的として行われたものであり、その態様においても、継続的な説得や数名での監視を行っているものの、物理的有

形力は行使されておらず、甲は飲み物を飲んだり煙草を吸ったり携帯電話で連絡したりすることができていることから、未だ任意捜査の範囲を逸脱したとはいえないものと評価できる。他方、二分論によらない場合でも、その理由は示されるべきであり（例えば札幌高判平 26・12・18 判タ 1416・129 は、「犯罪の嫌疑の程度は、採尿令状の請求準備を開始するか否かという警察官の判断により直ちに左右されるものでない」「警察官の判断時点を境界として、許容される留め置きの程度に有意な違いが生じるものと解することは、必ずしも説得力のある立論ではない」などとしている）、その上で、一連の留め置きについて、強制処分に至っていないか、任意処分として必要性・緊急性・相当性が認められるかについて当てはめる必要がある。

〔設問 2〕

2 公判前整理手続における主張明示義務と供述の強要

公判前整理手続は、充実した公判の審理を継続的、計画的かつ迅速に行うため必要があると認めるときに、第 1 回公判期日前に決定により付される、事件の争点及び証拠を整理するための公判準備手続である（316 条の 2）。したがって、その目的は、「充実した公判の審理を継続的、計画的かつ迅速に行うこと」にあり、裁判所と訴訟関係人には努力・協力義務も課されている（316 条の 3）。本手続は、裁判員裁判対象事件以外においても利用されることがあるが、裁判員制度導入を機に新たに規定が設けられ、現に裁判員裁判対象事件については必ず本手続に付される（裁判員 49 条）ことから、理解と運用に当たっては、裁判員制度を念頭に置くことが重要である。すなわち、一般市民から選任される裁判員が仕事や家事を休んで公判審理に臨む以上、その証拠調べや評議は事前の計画に沿ってできるだけ迅速に行われる必要があり、したがって、事前に整理された争点に絞った、端的（合理的かつコンパクト）で分かりやすい証拠調べが求められるということである。

316 条の 17 は、主張明示義務、すなわち被告人又は弁護人に対し、証明予定事実その他の公判期日においてすることを予定している事実上及び法律上の主張があるときは、裁判所及び検察官に対し、これを明らかにしなければなら

ないとしているが、その趣旨も、前記同様に解される必要がある。すなわち、従前、事件によっては公判期日においていきなり主張や証拠を明らかにするということも行われてきたところであるが、そのようないわば隠し玉的な公判活動を容認した場合、相手方当事者において対応に時間を要することもあり得、そうなると事前に策定した審理計画が台無しになり、裁判員の予定にも支障が生じることから、主張を明らかにすべき時期を前倒しし、公判前整理手続において主張することを義務付けたというものである（なお、争点・証拠整理を事前に行うという公判前整理手続の目的を担保するため、316条の32では、公判前整理手続終了後の証拠調べの請求が制限されているが、同手続終了後の新たな主張を制限する規定までは設けられなかったことから、この点をいかに解するかについては、見解の対立がある）。これに対しては、被告人側に保障されている供述拒否権（黙秘権）を侵害し供述を強要するものであるという見解もあるところ、最決平25・3・18刑集67・3・325は、「316条の17は、被告人又は弁護人において、公判期日においてする予定の主張がある場合に限り、公判期日に先立って、その主張を公判前整理手続で明らかにするとともに、証拠の取調べを請求するよう義務付けるものであって、被告人に対し自己が刑事上の責任を問われるおそれのある事項について認めるように義務付けるものではなく、また、公判期日において主張をするかどうかも被告人の判断に委ねられているのであって、主張をすること自体を強要するものでもない」として、316条の17は、自己に不利益な供述を強要するものとは言えないとしている。

　本件で、公判前整理手続におけるＢの主張について見ると、「犯人性すなわち甲による犯行であることを争う」旨述べる一方、争う具体的根拠について問われると、「明らかにする義務はない」と答え、被告人・弁護人側からの積極的な立証の有無について聞かれたのに対しても、「現時点で明らかにはできない。被告人質問において明らかにする」と述べたというものであり、これ自体は、弁護方針の枠内と見る余地もある。ただ、その後も具体的な主張内容を明示するよう求められたのに対し、「憲法上保障された黙秘権があるのだから、応じる必要はない」と述べたのは、判例に照らせば妥当性を欠く主張ということになる。また、現に公判段階において具体的主張をいきなり明らかにすることにより、公判前整理手続においては想定されていなかった新たな証拠調べが

必要となりかねず、事前の審理計画が台無しになる危険が生じており、そのような事態は公判前整理手続において想定し得たともいえる。したがって、事前の審理計画に見直しの必要が生じない範囲においては妥当と見る余地もあるが、それを超える事態を招く対応に関しては、316条の17の主張明示義務等に反するものといえる（以上、〔設問2〕①）。

3　公判前整理手続における主張明示と被告人質問

　公判前整理手続に付された事件の公判において、突然被告人が同手続では明らかにされていなかった新たなアリバイ等の主張を始めた場合、裁判所はこれを制限できるか。

　前記のとおり、317条の32で公判前整理手続終了後の証拠調べ請求が制限され、両当事者に同手続における証拠請求義務が課されているが、主張制限規定は置かれておらず、したがって、文言上は、新たな「主張」であれば公判段階でも自由にできる、と解する余地もある。しかし、他方で前記のとおり充実した公判の審理を継続的、計画的かつ迅速に行うという公判前整理手続の趣旨・目的に照らせば、事前に策定した審理計画を台無しにするような新たな主張について制限すべきとの考えも成り立つ。

　最決平27・5・25刑集69・4・636は、「公判前整理手続終了後の新たな主張を制限する規定はなく、公判期日で新たな主張に沿った被告人の供述を当然に制限できるとは解し得ないものの、公判前整理手続における被告人又は弁護人の予定主張の明示状況（裁判所の求釈明に対する釈明の状況を含む。）、新たな主張がされるに至った経緯、新たな主張の内容等の諸般の事情を総合的に考慮し、前記主張明示義務に違反したものと認められ、かつ、公判前整理手続で明示されなかった主張に関して被告人の供述を求める行為（質問）やこれに応じた被告人の供述を許すことが、公判前整理手続を行った意味を失わせるものと認められる場合（例えば、公判前整理手続において、裁判所の求釈明にもかかわらず、「アリバイの主張をする予定である。具体的内容は被告人質問において明らかにする。」という限度でしか主張を明示しなかったような場合）には、新たな主張に係る事項の重要性等も踏まえた上で、公判期日でその具体的内容に関する質問や被告人の供述が、刑訴法295条1項により制限されることがあ

り得るというべきである」としており、一定の場合には被告人質問も制限可能との見解を示している（その上で、被告人質問を制限した第1審裁判所の措置は是認できないとした）。

　本件では、公判前整理手続において、Bは、「犯人性すなわち甲による犯行であることを争う」旨述べたが、争う具体的根拠について問われると、「明らかにする義務はない」と答え、それ以上の立証計画や主張明示の求めに対し、「現時点で明らかにはできない。被告人質問において明らかにする」「憲法上保障された黙秘権があるのだから、応じる必要はない」と答えているのみである。その上で、公判段階に至り、急に被告人質問で、Bからの主質問に対し、甲が「犯行日とされた5月28日には、アリバイがあります。その日は、別の場所で、知人であるWと一緒に酒を飲んでいました」と供述し始めており、被告人の供述を許すことが、公判前整理手続を行った意味を失わせるものと認められる場合に該当する可能性がある。ただ、問題はその内容であり、被告人の供述内容に具体性があるなど一定の信用性が認められ、そのアリバイの有無がWに対する証人尋問によらなければ判断できないと裁判員も考えるような場合は、新たな主張に係る事項の重要性が認められ、制限すべきでない（かつ、余裕を持たせて策定した審理計画を一部変更した上でWに対する尋問を追加採用すべき）との見解も成り立つ。また、この見解に立っても、被告人質問において概要のみではあるものの甲にアリバイがあったという主張はなされていること、甲は、最終陳述において、同様の供述をし、これに対し、Pが異議を述べたり裁判所が制限をすることはなかったことから、裁判所による制限は著しく不当とは言えないとの見解もあり得る（以上、〔設問2〕②）。

〔設問3〕

4　放火罪における人の死傷結果と量刑上の考慮

　裁判所は、Vが重傷を負った事実も量刑上考慮しつつ、甲に対し現住建造物等放火罪で有罪判決を言い渡しているが、本件では、Vに対する傷害罪や過失傷害罪は起訴されていない。

　起訴されていない余罪については、最大判昭41・7・13刑集20・6・609（最

大判昭 42・7・5 刑集 21・6・748 も同旨）が、「刑事裁判において、起訴された犯罪事実のほかに、起訴されていない犯罪事実をいわゆる余罪として認定し、実質上これを処罰する趣旨で量刑の資料に考慮し、これがため被告人を重く処罰することは許されないものと解すべきである。けだし、右のいわゆる余罪は、公訴事実として起訴されていない犯罪事実であるにかかわらず、右の趣旨でこれを認定考慮することは、刑事訴訟法の基本原理である不告不理の原則に反し、憲法 31 条にいう、法律に定める手続によらずして刑罰を科することになるのみならず、刑訴法 317 条に定める証拠裁判主義に反し、かつ、自白と補強証拠に関する憲法 38 条 3 項、刑訴法 319 条 2 項、3 項の制約を免れることとなるおそれがあり、さらにその余罪が後日起訴されないという保障は法律上ないのであるから、若しその余罪について起訴され有罪の判決を受けた場合は、既に量刑上責任を問われた事実について再び刑事上の責任を問われることになり、憲法 39 条にも反することになるからである」「しかし、他面刑事裁判における量刑は、被告人の性格、経歴および犯罪の動機、目的、方法等すべての事情を考慮して、裁判所が法定刑の範囲内において、適当に決定すべきものであるから、その量刑のための一情状として、いわゆる余罪をも考慮することは、必ずしも禁ぜられるところではない（もとより、これを考慮する程度は、個々の事案ごとに合理的に検討して必要な限度にとどめるべきであり、従つてその点の証拠調にあたつても、みだりに必要な限度を越えることのないよう注意しなければならない。）。このように量刑の一情状として余罪を考慮するのは、犯罪事実として余罪を認定して、これを処罰しようとするものではないから、これについて公訴の提起を必要とするものではない。余罪を単に被告人の性格、経歴および犯罪の動機、目的、方法等の情状を推知するための資料として考慮することは、犯罪事実として認定し、これを処罰する趣旨で刑を重くするのとは異なるから、事実審裁判所としては、両者を混淆することのないよう慎重に留意すべきは当然である」としている。

　すなわち、「実質上これを処罰する趣旨」であれば許されない一方、「量刑の一情状として余罪を考慮する」ことは許されるということであるが、その実質的区別は困難な場合もあり、慎重な対応を示す裁判所も多い（例えば、被告人は自供しているが、証拠が薄く、起訴対象とはなっていない多数の同種余罪が存在するよ

うな場合や、単なる常習性の一事情という程度を超え、同種余罪の経験が本件犯行の計画性につながるなど本件と同種余罪との関係がより強い場合に、それぞれどの程度の立証・量刑上の考慮が許されるかついては、実務上もしばしば問題となり、事案に応じて考えていくことになろう）。

　ただし、放火罪に関しては、特有の問題として、実体法（刑法）上、傷害発生時の加重規定が設けられておらず、この点をいかに解すべきかという問題がある。最決平29・12・19刑集71・10・606は、「放火罪は、火力によって不特定又は多数の者の生命、身体及び財産に対する危険を惹起することを内容とする罪であり、人の死傷結果は、それ自体犯罪の構成要件要素とはされていないものの、上記危険の内容として本来想定されている範囲に含まれるものである。とりわけ現住建造物等放火罪においては、現に人が住居に使用し又は現に人がいる建造物、汽車、電車、艦船又は鉱坑を客体とするものであるから、類型的に人が死傷する結果が発生する相当程度の蓋然性があるといえるところ、その法定刑が死刑を含む重いものとされており、上記危険が現実に人が死傷する結果として生じた場合について、他により重く処罰する特別な犯罪類型が設けられていないことからすれば、同罪の量刑において、かかる人の死傷結果を考慮することは、法律上当然に予定されているものと解される。したがって、現住建造物等放火罪に該当する行為により生じた人の死傷結果を、その法定刑の枠内で、量刑上考慮することは許されるというべきである」としている。

　本件においても、現住建造物等放火罪の量刑に当たり、傷害結果を考慮することは、余罪を実質上処罰する趣旨に該当し許されないのではないか問題となるが、平成29年判例の立場からは、実体法（刑法）上の規定ぶり等に照らし、許されるということになる。

事項索引

判 例 索 引

〈著者紹介〉

粟田知穂（あわた・ともほ）

1995 年　東京大学法学部卒業
1997 年　検事任官
司法研修所教官，東京高等検察庁検事，法務総合研究所研究部総
括研究官等を経て，
現在，慶應義塾大学法科大学院教授・弁護士
司法試験考査委員（2011 年〜2015 年）

エクササイズ　刑事訴訟法　第 2 版

2016 年 3 月 5 日　初　版第 1 刷発行
2021 年 6 月 20 日　第 2 版第 1 刷発行
2024 年 8 月 30 日　第 2 版第 3 刷発行

著　　者　　粟　田　知　穂
発 行 者　　江　草　貞　治
発 行 所　　株式会社　有　斐　閣
郵便番号 101-0051
東京都千代田区神田神保町 2-17
https://www.yuhikaku.co.jp/

印　刷　大日本法令印刷株式会社
製　本　牧製本印刷株式会社